小藤康夫 著

生保金融の長期分析

八千代出版

は じ め に

　本書は終戦から今日に至るまでの長期間を対象にしながら、わが国の生命保険会社が大量に流入する資金をどのように運用してきたかを分析している。まさに生保金融の長期分析である。

　日本経済は1950年代半ばから70年代前半にかけて、高度経済成長を達成した。10％前後という驚異的な成長率が長期にわたって持続した。その後、世界的な石油危機の影響から成長のスピードが落ち、安定成長期に転換していった。それでも平均4％台の成長率を維持していた。

　生保の資金はそうした時代の要求に応えるように流れていった。日本経済が高度成長から安定成長を歩む時期では、生保は企業への財務貸付を中心にしながら株式も積極的に保有することで、企業による旺盛な設備投資等の資金需要を満たしていた。

　しかし、1990年代に入ると、80年代後半に起きたバブルがついに崩壊し、日本経済は深刻な不良債権問題等を抱えながら、デフレ経済に突入した。そのため、企業の資金需要はかつての勢いをまったく失い、生保の財務貸付は低下傾向に向かっていった。

　政府は税収不足から慢性的な財政赤字に陥り、大量の国債を連続的に発行している。今日では残高が1000兆円に近づきつつある。そのなかで生保は政府が発行する国債を買い増している。その結果、国債は生保の資産構成で最も大きなウエイトを占めるまでに至っている。

　このようにわが国の生保は日本経済の要求に応じるかのように資金を流している。その動きは生保自身の要求を満たす行動でもあった。例えば、経済成長期では財務貸付と株式を中心にしながら運用していたが、これは最も高い収益を生み出す投資対象であったからだ。

　それに対して今日の生保はそうした収益獲得を目指す運用から、リスク管

理に重きを置く運用に転換しつつある。そのきっかけは、やはり生保危機の発生にあろう。バブル崩壊後に定着化した超低金利のなかで、深刻な逆ざや問題を抱え込んだ生保から次々と破綻していったからである。

破綻の元凶である逆ざや問題を回避する有効な手法として資産負債総合管理がある。生保の資産運用はその流れのなかでリスクをできる限り最小化する方向へ進んでいる。その証拠に国債を大量に買い増ししながらも、超長期の国債に偏る傾向にある。これは資産側の満期を負債側の満期に近づける資産負債総合管理を実践しているためである。

このように生保は日本経済の変化に合わせながら自らの資産運用も転換させている。本書ではそうした長期にわたる動きを以下の構成に基づきながらまとめている。

「第1部　経済発展期の生保金融」では運用収益の最大化を目指す生保の姿が描かれている。日本経済の歩みとともに生保も大きく成長したが、それは資金を効率的に運用した成果であるとも解釈できる。

しかし、当時はそうした解釈よりも金融界の序列化といった実務家の慣行から生保金融をとらえる傾向が強かった。ここでは極く通常の経済分析の視点から分析している。このほうが納得できるであろう。

次に「第2部　バブル崩壊後の生保経営」では生保危機に直面し、リスクが認識された頃の状況が整理されている。生保が破綻すれば約束された給付金等が大幅に削減されるため、生保の財務力が契約者にとって大きな関心事になった。

その一方で、生保の株式会社化も進展し、リスクを負いながらも生保を成長させる戦略も練られるようになった。ここではリスクに対する契約者と生保自身の見方が変わりつつある様子が描かれている。

「第3部　リスク管理の生保金融」ではソルベンシー・マージン比率の見直しが生保の資産運用にどのような影響を及ぼしているかを探っている。生保危機の教訓からリスクの高い資産をできるだけ少なくすることで健全性を

確保するルールが作られ、その代表的事例として株式保有の動きに注目している。

また、超長期国債の高まりから逆ざやリスクを弱める動きもとらえている。実際に資産側の満期を計測することで、金利変動の影響を受けにくい体制を作り出していることを確認している。

「第4部　補論―システムダイナミックスモデルによる保険分析―」では要素間の関係を把握するための簡単なモデルを用いながら、保険商品の銀行窓口販売について分析している。特に貯蓄型保険商品についてはこの販売方法が伸びているので、生保資金の源泉でもある銀行窓口販売チャネルの分析は興味の湧くテーマである。

わが国では少子高齢化を背景にしながら公的年金の脆弱性が叫ばれることが多い。賦課方式の公的年金の弱点を補完する意味から、個人年金等に代表される積立式の貯蓄型保険はますます重要性が高まり、生保の資金量は増える傾向にある。

生保は競合する金融商品に打ち勝つためにも、また契約者から見て魅力を高めるためにも、流入する資金を効率的に運用し、高い利回りを得なければならない。それゆえ、収益性を求める投資行動が必要であろう。

他方、生保経営を安定化させるためのリスク管理手段といった側面も重視されなければならない。生保金融の目標が時代とともに変わりながらも、収益とリスク管理という相反する2つの目的を追求しなければならないのが今日の生保金融の姿だと思われる。

生保金融の長期分析を通じて得られた結論はまさに収益性と健全性を同時に満たす資産運用となる。難しい目標であるが、生保が将来にわたって持続的に発展するための必要不可欠な条件でもあろう。

2014年1月

小藤　康夫

目　　次

はじめに　*i*

第 1 部　経済発展期の生保金融

第 1 章　終戦から高度成長期までの生保金融 — *3*
- 第 1 節　景気循環と生保の資産運用パターン……*3*
- 第 2 節　終戦直後の生保金融……*6*
  - （1）復興期の日本経済　*6*
  - （2）生保の産業資金供給機関への展開　*7*
- 第 3 節　1950 年代の生保金融……*10*
  - （1）50 年代前半の資産運用　*10*
  - （2）50 年代後半の資産運用　*13*
- 第 4 節　1960 年代の生保金融……*19*
  - （1）60 年代前半の資産運用　*19*
  - （2）60 年代後半の資産運用　*21*
- 第 5 節　金融緩和・引き締めに対応した動き……*25*

第 2 章　安定成長期の生保金融 — *27*
- 第 1 節　安定成長期の資産運用パターン……*27*
- 第 2 節　1970 年代の生保金融……*29*
  - （1）70 年代前半の資産運用　*29*
  - （2）70 年代後半以降の資産運用　*32*
- 第 3 節　生保の資産運用パターンをめぐる理論と実証……*38*
  - （1）2 つの仮説　*38*
  - （2）実証結果　*40*
- 第 4 節　1980 年代後半のバブル期に見る生保の資産運用……*44*

第 2 部　バブル崩壊後の生保経営

第 3 章　生保の経営危機と配当政策の変更 ——51
　第 1 節　生保危機の発生……51
　　（1）生保システムの変化　51
　　（2）生保を取り巻く環境の変化　52
　第 2 節　生保の配当政策……53
　　（1）剰余金の発生と処分のメカニズム　53
　　（2）配当準備金繰入額の推移　55
　　（3）生保危機の影響　57
　第 3 節　生保危機と契約者の行動……58
　　（1）生保の破綻処理策　58
　　（2）日産生命の破綻処理策　60
　　（3）第百生命の破綻処理策　61
　　（4）契約者が生保破綻から得た教訓　62
　第 4 節　不確実性下の生保商品モデル……63
　　（1）危険資産としての生保商品　63
　　（2）自己資本の増大が及ぼす効果　66
　　（3）両ケースの比較　67
　第 5 節　生保不信の影響……68

第 4 章　生保の組織構造と危険負担 ——71
　第 1 節　組織構造に関わる 2 つの仮説……71
　第 2 節　Yanase, Asai and Lai の実証結果……72
　　（1）計測方法　72
　　（2）記述統計による計測結果　73
　　（3）回帰分析による計測結果　74
　第 3 節　組織構造に代わる別の解釈……75
　　（1）規模の格差　75
　　（2）2 つの代替的解釈　79

第4節　大和生命の経営破綻を振り返って……*82*

第3部　リスク管理の生保金融

第5章　生保の株式投資とソルベンシー・マージン比率 — *87*
第1節　SM比率の短期的見直し……*87*
　（1）価格変動リスクの変更　*87*
　（2）生保の株式保有の変化　*90*
第2節　SM比率の計算方法とプロシクリカリティ問題……*92*
　（1）SM比率の計算方法　*92*
　（2）保有株の効果　*94*
　（3）金融機関の行動　*95*
第3節　主要生保の保有株の動きとSM比率の関係……*97*
　（1）主要生保全体の株式投資行動　*97*
　（2）個別生保の株式投資行動　*100*
第4節　経済価値ベースでの評価に取り組む生保……*103*
　（1）基金の積み増し　*103*
　（2）純粋の投資手段としての株式　*105*

第6章　生保の資産側デュレーションと金利感応度の関係 — *107*
第1節　生保危機の元凶と具体的対応策……*107*
　（1）逆ざや問題の発生　*107*
　（2）資産負債総合管理の必要性　*109*
第2節　経済価値ベースの評価……*111*
　（1）負債の時価会計　*111*
　（2）金利下落の影響　*112*
第3節　デュレーション・ギャップとALM対策……*114*
　（1）デュレーション・ギャップの定義　*114*
　（2）図による説明　*115*
　（3）3種類のALM対策　*117*
第4節　資産側デュレーションの動き……*121*

(1) 資産別構成割合の推移　*121*
　(2) 資産側デュレーションの計測　*124*
第5節　金利変動が生保の株価に及ぼす影響……*126*
　(1) 計測モデル　*126*
　(2) 第一生命の計測結果　*127*
　(3) T&Dホールディングスの計測結果　*129*
第6節　今後の研究課題……*133*

第4部　補　論
―システムダイナミックスモデルによる保険分析―

第7章　保険商品の銀行窓販と拡張メカニズム　*139*
第1節　銀行窓販を活かす諸要因……*139*
第2節　弊害防止措置と情報共有規制……*140*
　(1) 銀行窓販のメリットとデメリット　*140*
　(2) 情報共有規制の弊害　*142*
第3節　銀行窓販の拡張メカニズム……*144*
　(1) モデルの記号　*144*
　(2) 保有契約高のメカニズム　*145*
　(3) 弊害防止措置の効果　*146*
　(4) 情報蓄積のメカニズム　*147*
　(5) 情報共有規制の効果　*150*
第4節　金融コングロマリットと情報共有規制……*152*

参 考 文 献　*155*
索　　　引　*159*

第1部

経済発展期の生保金融

第1章

終戦から高度成長期までの生保金融

第1節　景気循環と生保の資産運用パターン

　生保会社の資産構成の動きを終戦から高度成長期までの期間に絞って眺めると、貸付金と有価証券が圧倒的な存在感を示している。さらに細かく見ていくと、契約者貸付を除いた財務貸付が貸付金のなかで大きな割合を占め、有価証券では株式が代表的な資産として位置づけられている。

　図表1-1は全生保を対象にした1950年度から70年度までの資産構成を①現金・預金・コールローン、②貸付金、③有価証券、④不動産、⑤その他、の5分類にしたがって整理したものである。このことから生保の資産運用を分析するうえで財務貸付と株式投資が重要な投資対象であり、この2種類の資産の動きに注目せざるを得ないことがわかる。

　一般に生保の資産運用を代表する財務貸付と株式投資の動きについて、景気循環ならびに金融緩和・引き締めとの関連から、次のような特徴がしばしば指摘されている。

【1】　生保の財務貸付は金融緩和・引き締めの局面において銀行貸出と正反対の動きをする。すなわち、景気の谷から山に向かう金融緩和の局面では、銀行貸出が増大するのに対して、財務貸付は低迷する。逆に

図表 1-1　生保の資産構成の推移―高度成長期―

		1950 年度	1955 年度	1960 年度	1965 年度	1970 年度
現金・預金・コールローン		3,248 (8.8)	10,945 (5.7)	19,124 (2.5)	50,964 (0.3)	94,331 (1.6)
貸付金		11,062 (30.2)	93,896 (48.7)	463,840 (61.6)	1,388,993 (61.9)	3,929,000 (67.1)
	財務貸付	7,770 (21.2)	78,136 (40.5)	406,944 (54.1)	1,212,191 (54.0)	3,535,430 (60.4)
	契約者貸付	3,292 (9.0)	15,760 (8.1)	56,896 (7.6)	176,802 (0.8)	393,570 (6.7)
有価証券		13,444 (36.7)	64,215 (33.2)	185,269 (24.6)	539,101 (24.0)	1,274,530 (21.8)
	国債	266 (0.7)	192 (0.1)	279 (0.0)	3,833 (0.2)	33,424 (0.6)
	社債	2,169 (5.9)	5,802 (3.0)	7,564 (1.0)	46,503 (2.1)	85,315 (1.5)
	株式	10,552 (28.8)	57,059 (29.6)	170,830 (22.7)	474,087 (21.1)	1,145,265 (19.6)
不動産		6,415 (17.5)	19,788 (10.2)	75,276 (10.0)	242,837 (10.8)	516,073 (8.8)
その他		2,484 (6.8)	4,080 (2.1)	9,295 (1.2)	21,213 (0.9)	40,850 (0.7)
総資産		36,655 (100.0)	192,924 (100.0)	752,804 (100.0)	2,243,109 (100.0)	5,854,784 (100.0)

(注）単位：百万円、％。括弧内は構成割合を示す。

　　景気の山から谷に向かう金融引き締めの局面では、銀行貸出が低迷するのに対して、財務貸付は増大する傾向にある。
【2】　生保の株式投資は金融緩和・引き締めの局面において財務貸付と正反対の動きをする。すなわち、景気の谷から山に向かう金融緩和の局面では、財務貸付が低迷するのに対して、株式投資は増大する。逆に景気の山から谷に向かう金融引き締めの局面では、財務貸付が増大するのに対して、株式投資は低迷する傾向にある。

図表 1-2　景気変動の基準日付—第 1 循環〜第 6 循環—

	谷	山	谷	期間		
				拡張	収縮	全循環
第 1 循環		1951 年 6 月	1951 年 10 月		4 カ月	
第 2 循環	1951 年 10 月	1954 年 1 月	1954 年 11 月	27 カ月	10 カ月	37 カ月
第 3 循環	1954 年 11 月	1957 年 6 月	1958 年 6 月	31 カ月	12 カ月	43 カ月
第 4 循環	1958 年 6 月	1961 年 12 月	1962 年 10 月	42 カ月	10 カ月	52 カ月
第 5 循環	1962 年 10 月	1964 年 10 月	1965 年 10 月	24 カ月	12 カ月	36 カ月
第 6 循環	1965 年 10 月	1970 年 7 月	1971 年 12 月	57 カ月	17 カ月	74 カ月

（注）『経済統計年鑑』（東洋経済新報社）より。

　このような財務貸付と株式投資による景気循環ならびに金融緩和・引き締めに対応した資産運用パターンは、戦後の生保金融の特徴としてしばしば取り上げられ、一般に生保の金融界における「限界供給者的性格」に起因する現象として解釈されている。

　本章では生保の資産運用パターンが実際に生じているかどうかを、終戦から日本経済が高度成長を達成した時代までの期間に絞りながら、**図表 1-2** で整理した景気循環にしたがって確認していきたい。それ以降の安定成長期については第 2 章で扱うことにする。

　そうした生保金融の特徴をしっかりとらえるには、わが国の経済発展も踏まえなければならない。そのため、日本経済の動きを年代ごとに追いながら、景気循環に対応した生保の資産運用パターンを見ていくことにする。

　なお、以下で展開する戦後の日本経済と生保金融の動きについて、伊藤 (a)(b) (1975)、宇佐美 (1984)、佐藤 (a)(b) (1984)、山中 (1966) を参考にしながらまとめられている。

第2節　終戦直後の生保金融

(1) 復興期の日本経済

　日本経済は第二次世界大戦によって大打撃を受け、生産活動は壊滅的状況に陥った。このなかで日本経済を立ち直らせるには、生産基盤から取り掛からなければならなかった。

　政府は1947年初め、石炭と鉄鋼の集中的増産を目指した傾斜生産方式を実行した。これは最初に石炭の生産に重点を置き、次に生産された石炭でもって鉄鋼生産を行い、両産業の相互拡大を通じて石炭と鉄鋼の増産を図るというものである。

　この傾斜生産方式を資金面から支えてきたのが復興金融公庫であり、石炭・鉄鋼の基礎産業部門に集中的に融資した。だが、復興金融公庫の資金は復興金融債券の発行によって調達され、債券の大部分が日本銀行引き受けによってまかなわれたため、日銀券が大量に発行された。その結果、「復金インフレーション」を引き起こしてしまった。

　1949年には戦後インフレーションの収束を目指してドッジ・ラインが実施され、強力な均衡財政原則が成立した。これは傾斜生産方式のほかに、当時の工業生産活動を高めるために行われた価格差補給金制度にも大打撃を与えた。そのゆえ、インフレは収束したものの、日本経済は猛烈なデフレに突入した。

　このような深刻な状況のなかで1950年6月、朝鮮戦争が勃発した。わが国の経済活動は朝鮮特需により再び拡大し、電力・鉄鋼・海運など基幹産業が著しく高まっていった。

　基幹産業の設備資金は主として日本開発銀行（1951年4月設立）などの政府系金融機関によって調達されていた。その後、経済復興とともに民間金融機関による産業資金供給の比重も高まり、徐々に都市銀行を中心とした間接金

図表 1-3　経済復興期における生保の資産構成

	1948年度	1949年度	1950年度
現金・預金・コールローン	1,844 (9.8)	2,971 (12.3)	3,248 (8.9)
貸付金	3,288 (17.4)	6,858 (28.5)	11,062 (30.2)
財務貸付	1,132 (6.0)	4,316 (17.9)	7,770 (21.2)
契約者貸付	2,156 (11.4)	2,542 (10.7)	3,292 (9.0)
有価証券	10,661 (56.5)	9,556 (39.7)	13,444 (36.7)
国債	5,890 (31.2)	1,196 (5.0)	266 (0.7)
社債	799 (4.2)	979 (4.1)	2,169 (5.9)
株式	2,962 (15.7)	7,046 (29.3)	10,552 (28.8)
不動産	1,714 (9.1)	2,616 (10.9)	6,415 (17.5)
その他	1,369 (7.2)	2,056 (8.6)	2,484 (6.8)
総資産	18,884 (100.0)	24,057 (100.0)	36,655 (100.0)

（注）単位：百万円、％。括弧内は構成割合を示す。

融優位の金融構造が形成されるようになった。

　当然ながら、生保も経済復興のために産業資金を供給する金融機関のひとつであった。そこで、次に経済復興期における生保金融の動きを**図表 1-3**から詳細に見ていくことにしよう。

（2）生保の産業資金供給機関への展開

　生保は終戦によって外地資産を喪失し、また戦後補償打ち切りから軍需会社への投資で大きな損失を受けた。そのため、1946年8月11日、金融機関

経理応急措置法により新旧勘定の分離が行われ、事業の再出発に向かうと同時に、旧勘定の整理が実施された。(宇佐美 (1984) 参照)

整理が進むにつれて外地投資ならびに軍需投資の損失が膨れ上がり、損失額は生保18社で78億円を超えるまでに至った。それに対応するため、積立金、資本金のほかに整理債務（保険金額1万円超過の保険契約に見合う責任準備金等の契約者準備金）がすべて打ち切られ、不足した38億円については政府補償として国債が交付された。

こうして1948年3月31日をもって最終処理が完了し、この時点で旧会社は解散し、生保は新会社として出発することになった。

しかし、当初はインフレ下にあったため、新契約の獲得が進んでも諸経費はそれ以上に増加した。また、新契約の募集を行っても継続率が悪いため、生保資金は戦後しばらくの間、伸び悩みの状態にあった。

この時期における生保投資は積極的な活動を行うことができず、特殊な資産保有形態をとった。それは保有資産のなかで国債の占める割合が飛び抜けて高いことである。

1948年末の国債の割合を見ると、31.2％を占めている。これは先ほど指摘した金融機関再建整備法上の最終処理で、政府補償として生保に与えられた交付国債によるものである。

それに対して株式はインフレ・ヘッジとしての有利性から積極的に保有されているが、その割合は小さく15.7％に過ぎない。また、貸付も徐々に増えていながらも、17.4％の割合である。しかも、そのうち約6割は、新契約の獲得から増大した契約者貸付（＝保険証券担保貸付）であった。

このように株式と貸付の割合が低く、国債の保有割合が政府補償の交付国債から大きな割合を占めていたことから、「生保会社はさながら国債保有機関のごとき観を呈し」ていたと言われた。(山中 (1966) 参照)

1949年以降、ドッジ・ラインの施行とともにインフレは収束し、生保事業にとって必要不可欠な条件である通貨価値の安定もほぼ達成し、生保はよ

うやく復興の軌道に乗り始めた。

　また、当時の生保にとって経営上の追い風になったのはインフレの収束だけでない。ドッジ・ライン実施による復興金融公庫の貸出停止もあげられる。

　戦後しばらくの間、復金は長期金融機関として日本経済の重点産業に設備資金を融資し続けてきた。しかし、強力な経済安定政策のもとで復金融資が途絶えたため、長期金融機関としての生保の役割が高まってきたのである。

　それでも生保の資金は産業界が需要する資金量に比べれば極めて小さかった。このことが生保にとっての制約になっていた。

　だが、この問題は日本銀行が生保の保有国債を買い入れるマーケット・オペレーション（買いオペ）によって、解消の方向に推し進められることになった。すなわち、生保は国債によって流入した資金でもって、産業界からの資金需要に応じたのである。

　そのため生保の資産構成は急激に変化し、いままで大きな割合を占めていた国債は大幅に減少し、それに代わって財務貸付と保有株式が急増していった。

　そこで、**図表1-3**から1948年度から50年度の3カ年度における国債の保有割合を見ると、31.2％→5.0％→0.7％と急激に減少している。それに対して、財務貸付の割合は6.0％→17.9％→21.2％、そして保有株式の割合は15.7％→29.3％→28.8％と上昇している。

　こうして生保は1949年度ならびに50年度にかけて行われた大規模な日銀による国債の買い入れも影響し、ドッジ・ライン以後の金詰り状態の日本経済に産業資金を供給できるようになった。それと同時に、産業資金供給機関としての地位もようやく回復し、国債保有機関から完全に脱皮できるようになった。

　このような生保の国債保有機関から産業金融機関への伸展は朝鮮動乱以降、一般的傾向となっていった。ここでの特徴は生保資金の増大に伴い、財務貸付と株式投資がともに著しく上昇しながらも、増加資産の配分において財務

貸付のほうが株式投資よりも次第に高まっていることがあげられる。

これは保険業法に基づく株式保有の3割制限がかなり作用していたためである。そのほかに、朝鮮戦争が引き金となって訪れた設備資金需要の激増も大きな要因として指摘できる。(山中 (1966) 参照)

第3節　1950年代の生保金融

(1) 50年代前半の資産運用

こうして生保は日本経済の復活とともに産業界の需要に応じるように産業資金を供給するようになった。そこで、次に**図表1-4(1)**から財務貸付と保有株式の動きを景気循環ごとに見ていくことにしたい。

〈景気循環　1951年〉

まず、最初の景気循環は1951年6月を景気の山として、同年10月を景気の谷とする短い周期の景気循環である。

この期間における財務貸付の増加率を見ると、1951年6月末→9月末→12月末の値は72.4%→88.2%→99.4%で、景気後退期にかけて上向いていることがわかる。それに対して保有株式の増加率を見ると、60.8%→52.0%→48.5%となり、逆に低下している。

このことから景気後退の局面では財務貸付が増大し保有株式が低迷するという、生保の景気循環に対応した資産運用パターンが確認できる。

しかしながら、この期間はあまりにも短く、また景気後退の局面しかないため、生保特有の資産運用パターンを確認するには不十分である。そこで、次の景気循環に対応した生保の資産運用の動きを見ることにしたい。

〈景気循環　1951年～54年〉

次の景気循環は1951年10月を景気の谷とし、54年1月を景気の山とし

図表 1-4(1) 生保の主要資産と経済指標―1950 年代前半―

年・月	資金量 金額(百万円)	資金量 増加率(%)	生保の主要資産 財務貸付 金額(百万円)	財務貸付 増加率(%)	財務貸付 割合(%)	保有株式 金額(百万円)	保有株式 増加率(%)	保有株式 割合(%)	景気循環 年・月	景気循環 山・谷	公定歩合の変更 年・月	公定歩合の変更 金融緩和・引き締め
1950年 6月末	25,092	―	5,229	―	20.8	7,565	―	30.1				
9月末	29,530	―	5,564	―	18.8	8,529	―	28.9				
12月末	32,187	―	6,632	―	20.6	9,407	―	29.2				
1951年 3月末	36,655	―	7,770	―	21.2	10,552	―	28.8				
6月末	38,453	53.2	9,016	72.4	23.4	12,162	60.8	31.6	1951年 6月	山		
9月末	41,464	40.4	10,472	88.2	25.3	12,962	52.0	31.3				
12月末	46,729	45.2	13,225	99.4	28.3	13,973	48.5	29.9	1951年10月	谷		
1952年 3月末	53,047	44.7	15,530	99.9	29.3	14,897	41.2	28.1				
6月末	56,175	46.1	17,823	97.7	31.7	16,876	38.8	30.0				
9月末	60,414	45.7	19,775	88.8	32.7	18,427	42.2	30.5				
12月末	67,482	44.4	22,692	71.6	33.6	20,926	49.8	31.0				
1953年 3月末	75,280	41.9	24,029	54.7	31.9	23,359	56.8	31.0				
6月末	80,715	43.7	26,437	48.3	32.8	25,828	53.0	32.0				
9月末	86,495	43.2	29,923	51.3	34.6	27,103	47.1	31.3				
12月末	95,256	41.2	34,516	52.1	36.2	29,554	41.2	31.0				
1954年 3月末	103,806	37.9	36,170	50.5	34.8	30,654	31.2	29.5	1954年 1月	山		
6月末	110,859	37.3	41,435	56.7	37.4	32,663	26.5	29.5				
9月末	118,525	37.0	47,623	59.2	40.2	33,420	23.3	28.2				
12月末	128,848	35.3	54,327	57.4	42.2	34,680	17.3	26.9	1954年11月	谷		

(注) 増加率は対前年同月比 (%)、公定歩合の変更は政策の転換時だけを示している。図表 1-4(2)～1-5(2) も同様である。

ながら、54年11月に景気の谷を迎えるものである。

　まず、景気拡大の局面に注目すると、財務貸付の増加率は景気の山に向かって確実に低下し、保有株式の増加率は逆に上昇傾向にある。このことから先ほどの景気後退の局面ばかりでなく、動乱ブームを背景とした景気拡大の局面においても生保特有の資産運用パターンが確認できる。

　景気拡大の局面も1953年末には、国際収支の赤字から金融引き締め政策がとられたため、動乱ブームから上昇した国内景気も景気後退の局面を迎えることになった。そのような金融政策の変更と国内景気の転換に対して、生保の財務貸付は増大する方向に進んでいった。

　このことについて一般に「高率適用の強化、融資自主規制の強化など一連の金融引き締め政策が打出され、産業資金の調達が困難さをくわえた」（山中（1966）参照）ため、「生保会社に産業資金借入が殺到し、増加資産の配分において貸付の比重は一段と高まった」（山中（1966）参照）と解釈されている。

　実際、財務貸付の増加率を見ると、1954年3月末に50.5％であったのに対して、同年の6月末→9月末→12月末には56.7％→59.2％→57.4％と上昇している。このことから金融引き締め政策によって景気が下方へ転換していく局面では、他の金融機関の貸出と逆に生保の財務貸付が増大していることが確認できる。

　また、この期間における保有株式の増加率を見ると、1954年3月末→6月末→9月末→12月末の値は31.2％→26.5％→23.3％→17.3％となり、低下傾向にある。このことからも景気後退期に株式投資が低迷するという、生保の株式投資に関する資産運用パターンが確認できる。

　こうして景気循環を対象にしながら、生保の資産運用パターンを見てきた。この時期は終戦から徐々に立ち直り、復興していく過程であった。そのため、生保自身も産業資金供給機関として十分な位置づけがなされていなかった。

　生保の資金量が伸び、金融的地位も本格的に上昇したのは、50年代後半以降である。それゆえ、生保の資産運用の特徴を把握するにはそれ以降の動

きを調べなければならない。そこで、次に50年代後半における生保の資産運用パターンを見ていくことにしたい。

(2) 50年代後半の資産運用

　50年代後半に入ると、基幹産業を中心にしながら技術革新と設備投資によって高度成長が展開されていった。これによりわが国の産業構造は高度化し、化学・機械などに代表される重化学工業部門が著しく発展することになった。

　このような成長過程のなかで国際収支の制約による景気循環のパターンが見られるようになった。そのパターンとは景気拡大期に輸入が増大し、輸出が減少すると、国際収支が悪化し、金融引き締め政策が実施され、やがて在庫投資ならびに設備投資の低下から景気の下降局面を迎えるというものである。

　景気が後退すると、輸入の減少と輸出の増大から国際収支が改善するため、金融引き締め政策は解除される。その後、金融緩和の展開とともに企業の在庫投資と設備投資は活発になり、景気は次第に上昇局面に向かうことになる。当時の景気循環は国際収支の天井によって反転するパターンを繰り返していた。

　そのなかで生保は景気循環に対応した資産運用方法を展開している。それは景気が上昇する金融緩和期に財務貸付を低め、株式投資を高めるのに対して、景気が下降する金融引き締め期には反対に財務貸付を高め、株式投資を低めるというものである。

　この特徴はすでに50年代前半に見られている。だが、資金規模といい、産業資金供給者としての位置づけといい、そのような資産運用パターンが本格的に定着したのは50年代後半からである。

　そこで、これから**図表1-4(2)**に基づきながら、この期間の景気循環に対応した生保の資産運用パターンを見ていくことにしたい。

図表1-4(2) 生保の主要資産と経済指標—1950年代後半—

年・月	資金量		生保の主要資産							景気循環		公定歩合の変更	
			財務貸付			保有株式							
	金額(百万円)	増加率(%)	金額(百万円)	増加率(%)	割合(%)	金額(百万円)	増加率(%)	割合(%)		年・月	山・谷	年・月	金融緩和・引き締め
1955年 3月末	141,076	35.9	59,845	65.5	42.4	36,276	18.3	25.7					
6月末	151,015	36.2	65,239	57.4	43.2	38,999	19.4	25.8					
9月末	161,551	36.3	69,797	46.6	43.2	43,690	30.7	27.0					
12月末	176,802	37.2	72,257	33.0	40.9	49,017	41.3	27.7					
1956年 3月末	192,924	36.8	78,136	30.6	40.5	57,059	57.3	29.6					
6月末	206,710	36.9	77,862	19.3	37.7	66,713	71.1	32.3					
9月末	219,797	36.1	77,807	11.5	35.4	75,500	72.8	34.4					
12月末	238,153	34.7	83,340	15.3	35.0	82,880	69.1	34.8					
1957年 3月末	257,086	33.3	91,150	16.7	35.5	85,651	50.1	33.3					
6月末	275,444	33.3	108,403	39.2	39.4	85,777	28.6	31.1		1957年 6月	山		
9月末	295,545	34.5	125,266	61.0	42.4	89,204	18.2	30.2					
12月末	320,235	34.5	144,111	72.9	45.0	93,094	12.3	29.1					
1958年 3月末	343,032	33.4	164,440	80.4	47.9	91,571	6.9	26.7					
6月末	365,914	32.8	177,665	63.9	48.6	96,326	12.3	26.3		1958年 6月	谷	1958年 6月	緩和
9月末	389,046	31.6	195,075	55.7	50.1	102,653	15.1	26.4					
12月末	419,616	31.0	217,269	50.8	51.8	106,446	14.3	25.4					
1959年 3月末	450,812	31.4	239,836	45.9	53.2	107,639	17.6	23.9					
6月末	478,669	30.8	258,321	45.4	54.0	111,300	15.5	23.3					
9月末	508,124	30.6	278,550	42.8	54.8	118,567	15.5	23.3					
12月末	545,836	30.1	298,469	37.4	54.7	124,353	16.8	22.8				1959年 12月	引き締め

〈景気循環　1954年〜58年〉

　1953年末に国際収支の赤字から金融引き締め政策がとられたため、国内景気はデフレ化し、資金需要は低迷した。さらに、財政ならびに外国為替資金特別会計の大幅散超が加わったことから、金融市場は54年秋頃から緩慢になっていった。

　このような金融情勢のなかで1955年には在庫投資ならびに輸出が伸び、さらに56年には設備投資が高まっていった。この動きは「神武景気」と呼ばれ、景気の拡大局面に達することになった。

　だが、景気拡大とともに原材料輸入の増大と輸出の停滞から国際収支は悪化したため、1956年度末には国際収支の改善を目指し金融引き締め政策がとられた。それ以降、国内景気は下方に向かい、57年6月から58年6月まで「なべ底不況」に直面した。

　この期間における生保の資産運用は典型的な景気循環に対応したパターンを形成している。特に財務貸付について「限界供給者」として生保を明確に位置づけるようになったのもこの頃であった。

　まず、1954年11月の景気の谷から57年6月の景気の山までの期間を取り上げながら、生保の資産運用を見ることにしよう。

　この期間は当初デフレの影響から資金需要が低迷し、また財政の大幅散超と国際収支の改善から金融緩慢の状況にあった。したがって、生保の資産運用は1953年、54年とまったく違った姿を描くことになった。

　すなわち、金融緩慢な状態を背景にして「企業は設備資金についても金利の高い長期資金を利用するよりは、短期資金のコロガシで賄うという方が資金コストの面で有利であるため、長期資金への需要は一段と減退し、長期資金需要が殺到した2〜3年前とは情勢が一変することになった。しかも生保会社は興長銀に比べれば産業界との関係もそれほど深くなく、このために新規借入需要が激減したばかりでなく、従来の貸付金が期限前返済を受けるという状況すら出はじめたのである。」（山中（1966）参照）

このことについて実務家たちは生保を金融市場における限界供給者として位置づけ、「資金需要がふえる場合にはまず市中銀行からはじまって、興長銀に及び最後に生保会社に資金需要が向かう半面、金融緩和の時期にはまず生保会社にその影響が強く現われ、やがて興長銀、市中銀行へと循環する形がみられたのであり、生保会社は限界供給者の立場に立たされたのである」と説明されている。(山中 (1966) 参照)

　そこで、実際に 1954 年 12 月末から 57 年 6 月末までの景気拡大の局面に注目しながら、財務貸付の増加率を見ていくと、それは確実に低下していることが確認できる。

　それに対して保有株式の増加率は反対に上昇している。このこともやはり限界供給者的現象として説明されている。つまり、増加した資金と財務貸付の運用難に直面した生保がその打開策として株式投資に向かった結果であると一般に解釈されている。

　このように金融緩和期には財務貸付が低迷し保有株式が増加するという生保の資産運用は、一般に限界供給者的現象とみなされている。もし、そうであるならば、金融引き締め期には逆の現象が見られるであろう。

　そこで、次に景気の山である 1957 年 6 月から景気の谷である 58 年 6 月までの様子を見ていくことにしよう。

　まず、1957 年には国際収支改善のため金融引き締め政策がとられたことから、長期資金を必要とする電力や鉄鋼などの業界は市中銀行から生保に向かい、生保への借入申込は激増した。

　そこで、「このような情勢を背景として、さきに貸付増加低調から資金運用難に当面した生保会社は株式投資の活発化に活路を求めていたが、再び投資方向を転換して、31 年下期から貸付への比重を急速にふやしはじめた。」(山中 (1966) 参照)

　このことは実際に 1957 年 6 月末から 58 年 6 月末において、財務貸付の増加率が急速に上昇し、総資産に対する割合も上昇していることから確認でき

る。また、保有株式の増加率が低下し、総資産に対する割合が低下していることからも確認できる。

こうして景気の谷から山に向かう金融緩和期には財務貸付が低迷し、保有株式が増加するのに対して、景気の山から谷に向かう金融引き締め期には財務貸付が伸び、保有株式が低迷するという、景気循環に対応した生保の資産運用パターンが確認できた。

特にそれは1955年から58年の景気循環において明確な姿を現しているが、ほかの景気循環においてもこのような資産運用パターンが見られる。そこで引き続き、58年以降の動きも見ていくことにしよう。

〈景気循環　1958年～62年〉

次の景気循環は1958年6月を景気の谷とし、61年12月を景気の山としながら、62年10月に再び景気の谷にもどるというものである。

この期間における経済状況を見ると、当初、なべ底不況の影響から原材料の輸入が減少し、輸出が順調に拡大したことから、国際収支は改善の方向に進んだ。そこで、公定歩合が1958年6月から引き下げられ、金融緩和の状況が生み出された。

そのため、在庫投資は急速に高まると同時に、設備投資も高まった。このことは「設備投資が設備投資を呼ぶ」状況を生み出したため、景気は拡大局面に向かい、「岩戸景気」と呼ばれるまでになっている。

1959年冬には景気過熱を懸念して金融引き締め政策がとられたが、60年夏には解除された。そのことは60年末の「所得倍増計画」と重なり、再び景気上昇の局面を迎えた。しかしながら、景気の高まりとともに国際収支が悪化したため、61年夏には金融引き締め政策がとられることになった。

このようななかで生保は設備投資主導型の経済展開に応じるごとく、増加資金を財務貸付や株式投資に運用した。特に財務貸付を中心とした資産運用を行ったため、財務貸付の総資産に占める割合はほぼ50％台を占め、保有

株式の割合は20％台であった。

　一般に財務貸付の割合が一貫して増大する傾向にあった理由として、生保への借入の申込が殺到し続けたことが指摘されている。すなわち、「自己金融の諸条件が不十分であり、しかも証券市場が狭隘かつ弱体なわが国の場合、設備投資の主な財源は金融機関借入に求められたので、もともと長期資金をもち、設備資金供給に適格性をもつ生保会社へ借入の申込が殺到した」と解釈されている。(山中（1966）参照)

　「生保会社は常に借入申込需要過多に当面し、申込を大幅に削減しつつもなお貸付を予約にのみとどめて、実施を翌年度に繰越すという情勢が続いた。このため一時的に金融情勢に緩慢傾向が現れ、公定歩合引下げが実施されたり、銀行業界では貸出意欲が強まるというような時期にも、生保会社の金融には緩慢の時期がほとんど訪れることなく、予約済の貸付の実施に追われている間に絶えず新規の申込が殺到するという状態が続いたのである。」(山中（1966）参照)

　だが、設備資金需要が高まるなかで財務貸付重視の運用が行われながらも、やはり景気循環に対応した資産運用が見られた。

　つまり、景気の谷である1958年6月末から景気の山を迎える61年12月末までの財務貸付の総資産割合を見ると、従来の変化と違って若干上昇しているが、増加率は確実に減少していることが確認できる。

　また、保有株式についても総資産割合が従来のパターンと異なっているが、増加率についてはやはり景気の谷から山に向かって上昇していることがわかる。

　それに対して景気の山である1957年6月末から景気の谷を迎えたあとの62年12月末までの総資産割合を見ると、従来のパターンのように財務貸付が伸び、保有株式が低迷するという動きが見られない。

　だが、それは生保の資産運用パターンを全面的に否定する動きとも読み取れない。つまり、この期間はあまり変化の少ない期間であるため、その特徴

を把握するのが難しいのである。

したがって、岩戸景気を含むこの景気循環は、確かに景気の山から谷に向かう局面を見る限り、生保特有の資産運用パターンが発生していたと認識するのは難しい。

だが、景気の谷から山に向かう局面では、先ほど示したように活発な設備投資を背景に財務貸付重視の運用方針がとられながらも、従来の景気循環に対応した財務貸付と株式投資の資産運用パターンを実施していたと判断できる。

第4節　1960年代の生保金融

（1）60年代前半の資産運用

〈景気循環　1962年～65年〉

投資が投資を呼ぶ設備投資主導型の経済成長もこの頃になると、転換期を迎え、従来のような勢いを持った成長が見られなくなった。

まず、1962年10月に景気の谷を迎えると、国際収支の改善からすぐに金融引き締め政策が解除され、在庫投資の活発化とともに国内景気は次第に上昇過程に入り、「オリンピック景気」と呼ばれるまでに至っている。

1964年10月に景気の山を迎えるが、いままで歩んできた重化学工業を中心とする設備投資は一般に過剰感が見られたため、設備投資主導型の成長パターンは調整期間に入った。国際収支の悪化から金融引き締め政策が64年3月末にとられると、国内景気は下降し、65年10月には景気の谷を迎えている。

このように国内経済が転換期に入ったにもかかわらず、**図表1-5(1)**から確認できるように生保の資産運用は経済成長期とほとんど変わらず、財務貸付中心の運用であった。そのため、財務貸付の総資産割合は50％台と高水準を保ち続けているのに対して、保有株式の割合は20％台であった。

図表 1-5(1)　生保の主要資産と経済指標―1960 年代前半―

年・月	資金量		生保の主要資産								景気循環		公定歩合の変更	
			財務貸付			保有株式								
	金額(百万円)	増加率(%)	金額(百万円)	増加率(%)	割合(%)	金額(百万円)	増加率(%)	割合(%)			年・月	山・谷	年・月	金融緩和・引き締め
1960年 3 月末	582,633	29.2	316,901	32.1	54.4	134,981	25.4	23.2						
6 月末	616,978	28.9	336,730	30.4	54.6	139,455	25.3	22.6						
9 月末	655,192	28.9	359,855	29.2	54.9	146,575	23.6	22.4					1960 年 8 月	緩和
12 月末	701,576	28.5	387,287	29.8	55.2	152,218	22.4	21.7						
1961年 3 月末	752,804	29.2	406,944	28.4	54.1	170,830	26.6	22.7						
6 月末	795,601	29.0	433,154	28.6	54.4	178,815	28.2	22.5						
9 月末	840,794	28.3	457,173	27.0	54.4	189,076	29.0	22.5					1961 年 7 月	引き締め
12 月末	897,137	27.9	478,754	23.6	53.4	201,963	32.7	22.5						
1962年 3 月末	953,030	26.6	511,598	25.7	53.7	213,576	25.0	22.4			1961 年 12 月	山		
6 月末	1,002,760	26.0	532,821	23.0	53.1	225,394	26.0	22.5						
9 月末	1,056,970	25.7	565,630	23.7	53.5	240,088	27.0	22.7						
12 月末	1,122,060	25.1	598,067	24.9	53.3	252,769	25.2	22.5			1962 年 10 月	谷	1962 年 10 月	緩和
1963年 3 月末	1,188,170	24.7	642,249	25.5	54.1	263,109	23.2	22.1						
6 月末	1,245,870	24.2	670,590	25.9	53.8	279,765	24.1	22.5						
9 月末	1,310,960	24.0	708,231	25.2	54.0	296,222	23.4	22.6						
12 月末	1,391,670	24.0	747,698	25.0	53.7	311,330	23.2	22.4						
1964年 3 月末	1,473,440	24.0	796,671	24.0	54.1	317,917	20.8	21.6					1964 年 3 月	引き締め
6 月末	1,545,300	24.0	810,568	20.9	52.5	335,504	20.0	21.7						
9 月末	1,626,860	24.1	874,423	23.5	53.7	359,840	21.5	22.1						
12 月末	1,724,510	23.9	920,263	23.1	53.4	373,287	20.0	21.6			1964 年 10 月	山		

そのなかでいままでと同様に景気循環に対応した財務貸付の動きに注目すると、その変化の程度は若干弱いものの景気拡大の局面ではほぼ減少傾向にあることがわかる。したがって、財務貸付については従来の運用パターンを踏襲していると言える。

　それに対して、保有株式の増加率は「証券不況」の影響から景気循環の変化と無関係に減少し続けている。それゆえ、いままでの景気循環に対応した動きが見られないように思えるかもしれない。

　だが、景気循環の局面ではなく、金融緩和・引き締めの局面に分けてその動きを見ると、いままでとあまり変わらないことに気づく。

　金融緩和期に相当する1962年12月末から64年3月末までの保有株式の動きを見ると、確かに増加率はほとんど変わらない。しかし、いままでのパターンを否定するほど大きく低下するという姿も見せていない。

　また、それ以降の金融引き締め期である1964年3月末から65年12月末までの動きを見ると、保有株式の増加率は景気の転換点と関わりなく、低下し続けている。

　したがって、この期間は景気循環の局面ではなく、金融緩和と金融引き締めの局面に分けて整理するならば、従来のパターンと同じであると判断できる。

(2) 60年代後半の資産運用

　50年代後半以降に重化学工業の基盤を確立させたわが国経済は、1965年に戦後最大の不況に直面した。だが、金融面ならびに戦後初の国債発行を含んだ財政面における景気刺激策から、再び高度成長が展開した。

　いままでは「投資が投資を呼ぶ」設備投資主導型の経済であったが、60年代後半に入ると「高投資・高輸出」による輸出主導型の経済に転換し、過去とはまったく異なった景気循環の展開パターンを示すようになった。

　従来は景気上昇期にかけて在庫投資・設備投資が活発に繰り広げられつつ

図表1-5(2) 生保の主要資産と経済指標―1960年代後半―

年・月	資金量		生保の主要資産							景気循環			公定歩合の変更		
	金額(百万円)	増加率(%)	財務貸付			保有株式				年・月	山・谷		年・月		金融緩和・引き締め
			金額(百万円)	増加率(%)	割合(%)	金額(百万円)	増加率(%)	割合(%)							
1965年 3月末	1,820,100	23.5	990,488	24.3	54.4	375,936	18.3	20.7							緩和
6月末	1,906,170	23.4	1,043,720	28.8	54.8	390,426	16.4	20.5							
9月末	2,006,110	23.3	1,111,630	27.1	55.4	414,626	15.2	20.7							
12月末	2,122,750	23.1	1,163,980	26.5	53.8	437,119	17.1	20.6	1965年10月	谷				
1966年 3月末	2,243,110	23.2	1,212,190	22.4	54.0	473,173	25.9	21.1						
6月末	2,341,380	22.8	1,210,200	16.0	51.7	519,827	33.1	22.2						
9月末	2,456,620	22.5	1,248,770	12.3	50.8	592,290	42.8	24.1						
12月末	2,591,730	22.1	1,287,560	10.6	49.7	634,971	45.3	24.5						
1967年 3月末	2,735,520	22.0	1,349,700	11.3	49.3	685,834	44.9	25.1						
6月末	2,846,910	21.6	1,367,450	13.0	48.0	739,172	42.2	26.0						
9月末	2,981,050	21.3	1,441,560	15.4	48.4	782,879	32.2	26.3				1967年 9月		引き締め
12月末	3,141,520	21.2	1,541,900	19.8	49.1	801,008	26.1	25.5						
1968年 3月末	3,301,640	20.7	1,647,380	22.1	49.9	805,022	17.4	24.4						
6月末	3,430,900	20.5	1,733,560	26.8	50.5	830,916	12.4	24.2						
9月末	3,599,650	20.8	1,861,380	29.1	51.7	868,112	10.9	24.1				1968年 8月		緩和
12月末	3,794,750	20.8	1,983,560	28.6	52.3	899,657	12.3	23.7						
1969年 3月末	4,000,120	21.2	2,102,340	27.6	52.6	917,350	14.0	22.9						
6月末	4,167,420	21.5	2,224,630	28.3	53.4	946,121	13.9	22.7						
9月末	4,369,940	21.4	2,385,680	28.2	54.6	974,931	12.3	22.3				1969年 9月		引き締め
12月末	4,604,430	21.3	2,560,560	29.1	55.6	994,767	10.6	21.6						

も、輸入の増大そして輸出の減退から国際収支が悪化し、金融引き締め政策がとられた。

　その結果、景気の下降局面を迎え、やがて国際収支の改善とともに金融引き締め政策が解除され、景気の上昇局面に向かうという景気循環のパターンが展開された。

　しかし、60年代後半に入ると、このような国際収支の制約は生産性の向上から取り払われるようになった。技術革新によって生産性が向上したわが国の企業は国際競争上優位に立ち、そのことから輸出が順調に伸び、さらに輸出のために行われた設備投資も生産性をさらに向上させるという好循環のプロセスを辿った。

　したがって、1965年10月に景気の谷を迎えた日本経済は「高投資・高輸出」を背景に「大型景気」を生み出し、5年後の70年7月に景気の山を迎えた。

　だが、黒字幅の拡大と貿易摩擦ならびに次第に高まってきた国際通貨不安のなかで、1971年8月、「ドル・ショック」に遭遇した。それにより国内設備投資は後退し、71年12月には景気の谷を迎えることになった。

　こうした60年代後半の日本経済のなかで生保の資産運用を見たものが**図表1-5(2)**である。これを見ながら、景気循環に対応づけた当時の動きを追ってみたい。

〈**景気循環　1965年～71年**〉

　1964年末から65年にかけて行われた一連の金融緩和政策は、景気に対して十分な刺激をもたらすことができなかった。そのため、角度を変え、戦後初の国債発行を伴った財政面からの新たな景気刺激策がとられることになった。

　その結果、景気は1965年10月を谷としながら上昇局面に突入し、設備投資と輸出に支えられた高度成長が再び展開された。

こうしたなかで生保の資産運用がいままでと同様のパターンを示すかが、関心の的となる。そこで、景気の谷から山に向かう局面として1965年12月末から70年9月末までの期間に絞りながら、財務貸付と保有株式の増加率を見ることにしよう。

　そうすると、財務貸付は上昇傾向にあり、保有株式は下降傾向にあることが読み取れる。これは限界供給者として位置づけられてきた生保の資産運用パターンとまったく反対の動きを示している。このことから生保の資産運用パターンが変わったように思えるかもしれない。

　だが、この期間も先ほどと同様に景気循環の局面でとらえるのではなく、金融緩和・引き締めの局面でとらえるといままでと変わらないことがわかる。

　実際に金融緩和期に相当する1965年12月末から67年9月末までの期間と、68年9月末から69年9月末までの期間を見ると、財務貸付の増加率は低下傾向にあり、保有株式の増加率は上昇傾向にある。

　それに対して、金融引き締め期に相当する1967年9月末から68年9月末までの期間と、69年9月末から70年9月末までの期間では、財務貸付の増加率は上昇傾向にあり、保有株式の増加率は低下傾向にあることが確認できる。

　すなわち、金融緩和期と金融引き締め期に分けて資産運用パターンを整理するならば、いままでのパターンと変わらないことがわかる。

　同じことは1970年7月から71年12月までの景気後退の局面においてもあてはまる。

　従来のパターンでは景気後退とともに財務貸付の増加率が伸び、保有株式の増加率は低下する動きが一般的であった。ところが、実際に1970年9月末から71年12月末までのデータを見ると、まったく逆の動きが見られる。つまり、財務貸付は低下し、保有株式は上昇しているのである。

　しかしながら、1970年10月には公定歩合が引き下げられ、この期間が金融緩和期であることに留意するならば、不思議な動きとは言えないであろう。

なぜなら、この期間を景気後退としてではなく金融緩和の局面としてとらえるならば、財務貸付の増加率が低下し、保有株式の増加率が上昇するのはいままでと違ったパターンとは解釈できないからである。

こうして当時の生保の資産運用を見てきたが、さらにもう一点だけこの時期の特徴を指摘したい。それは一般的傾向として財務貸付の総資産割合が上昇傾向にあり、50％台から60％台へ増加しているのに対して、保有株式の総資産割合は下降傾向にあり、20％台から10％台へと低下していることである。

この現象は以前にも見られたが、60年代後半に入ってもこの傾向が変わらないことは注目に値しよう。

第5節　金融緩和・引き締めに対応した動き

戦後の生保資産運用で大きな割合を占める財務貸付と保有株式について、一般に生保特有の資産運用パターンがあると実務家から主張されてきた。

そのパターンとは、景気循環ならびに金融緩和・引き締めに対応した動きを言う。つまり、景気の谷から山に向かう金融緩和の局面では財務貸付が低迷し、保有株式が増大するのに対して、景気の山から谷に向かう金融引き締めの局面では逆に財務貸付が増大し、保有株式は低迷するというものである。

本章では終戦から1960年代までの期間を景気循環ごとに分けながら、生保の財務貸付と保有株式の動きを見てきた。その結果、一般に主張されているように景気循環に対応した資産運用パターンが確認できた。

しかしながら、観察したなかには景気循環との対応関係がまったく正反対の期間がいくつか見られた。このことは一般に主張されている生保の資産運用パターンに反する動きと解釈されるかもしれない。

これは景気循環と金融緩和・引き締めの関係が本来の姿と異なっていることに起因している。つまり、景気拡大の局面に金融引き締め政策が行われた

り、あるいは景気後退の局面で金融緩和政策が行われているからだ。

　そこで、景気循環の局面でとらえるのではなく、金融緩和・引き締めの局面でとらえれば、従来のパターンがそのままあてはまることが見出された。

　ただ、ここでは終戦から高度成長を達成した1960年代までの観察結果に過ぎない。その後、日本経済は70年代に入って厳しい試練に立たされ、安定成長に転換している。

　したがって、次の関心事として日本経済が高度成長から安定成長に入っても生保特有の資産運用パターンが形成され続けているかどうかについて注目したい。そこで、第2章では本章と同様のアプローチを採用しながら、1970年代から80年代前半までの期間を対象に景気循環に対応づけた生保の資産運用を見ることにしよう。

第2章

安定成長期の生保金融

第1節　安定成長期の資産運用パターン

　前章では終戦から日本経済が高度成長を遂げる1970年代までを対象にしながら、その時代の生保金融の特徴を眺めてきた。本章ではその後の動きを追っていきたい。

　まず、生保が抱える資産の内訳を見てみよう。**図表2-1**は1970年度から80年度までの生保の資産構成を5カ年度ごとに整理したものである。やはり、過去と同じように財務貸付と株式が代表的な保有資産であることに変わりない。

　ここでは2種類の主要な保有資産である財務貸付と株式が景気変動に対して、生保特有の資産運用パターンを形成しているかどうかに関心がある。終戦から60年代までは景気循環ならびに金融緩和・引き締めに対応しながら、財務貸付と保有株式が交互に増減を繰り返す動きが明確に見られた。

　それはわが国が高度成長を展開するなかで形成された特殊なパターンとも解釈されている。なぜなら、旺盛な資金需要を満たすうえで生保が金融市場の限界供給者として重要な役割を果たしていたからだと、実務家を中心に主張されているからである。

　ところが、1970年代に入って日本経済はかつての勢いを失い、成長率が

図表 2-1　生保の資産構成の推移―安定成長期―

		1970 年度	1975 年度	1980 年度
現金・預金・コールローン		94,331 (1.6)	225,127 (1.7)	660,132 (2.5)
貸付金		3,929,000 (67.1)	8,757,215 (67.9)	15,685,085 (59.7)
	財務貸付	3,535,430 (60.4)	8,062,007 (62.5)	14,567,702 (55.5)
	契約者貸付	393,570 (6.7)	695,208 (5.4)	1,117,382 (4.3)
有価証券		1,274,530 (21.8)	2,791,890 (21.7)	7,976,014 (30.4)
	国債	33,424 (0.6)	211,675 (1.6)	604,861 (2.3)
	社債	85,315 (1.5)	199,644 (1.5)	1,422,793 (5.4)
	株式	1,145,265 (19.6)	2,328,569 (18.1)	4,520,137 (17.2)
不動産		516,073 (8.8)	1,020,062 (7.9)	1,647,753 (6.3)
その他		40,850 (0.7)	98,676 (0.8)	288,790 (1.1)
総資産		5,854,784 (100.0)	1,282,971 (100.0)	26,257,774 (100.0)

（注）単位：百万円、％。括弧内は構成割合を示す。

長期にわたって低迷する安定成長期に突入した。それゆえ、いままでのような企業からの旺盛な資金需要は影を潜め、当然ながら金融界での生保の立場も以前とまったく違ってしまったであろうと推測される。

　そうであるならば、生保の資産運用パターンも変化し、その姿は崩れてしまったのであろうか。それとも、依然として同じパターンを展開しているのであろうか。興味の湧くテーマである。

　早速、前章のアプローチにしたがいながら**図表 2-2** で示した景気循環から生保の財務貸付と保有株式の動きを追っていきたい。

図表 2-2　景気変動の基準日付—第 7 循環～第 9 循環—

	谷	山	谷	期間		
				拡張	収縮	全循環
第 7 循環	1971 年 12 月	1973 年 11 月	1975 年 3 月	23 カ月	16 カ月	39 カ月
第 8 循環	1975 年 3 月	1977 年 1 月	1977 年 10 月	22 カ月	9 カ月	31 カ月
第 9 循環	1977 年 10 月	1980 年 2 月	1983 年 2 月	28 カ月	36 カ月	64 カ月

（注）『経済統計年鑑』（東洋経済新報社）より。

第 2 節　1970 年代の生保金融

（1）70 年代前半の資産運用

　70 年代に入ると、高投資・高輸出の経済にも勢いが見られなくなり、しかも 1973 年 10 月の「石油危機」を契機としていままでのような高度成長を展開することが難しくなった。そのため、70 年代前半の景気循環は 1971 年 12 月を景気の谷とし、73 年 11 月に景気の山を迎えながら、75 年 3 月に景気の谷となっている。

　そこで、この景気循環に対応づけながら生保の資産運用の動きを**図表 2-3(1)** から見ていこう。

〈景気循環　1971 年～74 年〉

　設備投資と輸出で支えられた高度成長もこの頃になると、公害・住宅・環境などの諸問題が顕在化し、いままでの成長中心の経済から生活優先・福祉優先の経済へ移行するようになった。

　このような転換期を迎えるなかで、住宅建設および質的充実を目指す公共投資が活発化し、景気は 1972 年から着実に上昇局面に入った。

　だが、1973 年に入ると、国内総需要の増大そして海外商品市況の騰貴を背景に卸売物価が急騰した。そのため、物価鎮静を第一目標とする総需要抑

表2-3(1) 生保の主要資産と経済指標—1970年代前半—

年・月	資金量		生保の主要資産							景気循環		公定歩合の変更	
			財務貸付			保有株式							
	金額(百万円)	増加率(％)	金額(百万円)	増加率(％)	割合(％)	金額(百万円)	増加率(％)	割合(％)	年・月	山・谷	年・月	金融緩和・引き締め
1970年 3月末	4,859,840	21.5	2,716,190	29.2	55.9	1,018,150	11.0	21.0				
6月末	5,059,620	21.4	2,888,080	29.8	57.1	1,048,510	10.8	20.7				
9月末	5,305,690	21.4	3,116,020	30.6	58.7	1,093,090	12.1	20.6	1970年7月	山		
12月末	5,569,900	21.0	3,324,160	29.8	59.7	1,127,820	13.4	20.2			1970年10月	緩和
1971年 3月末	5,854,780	20.5	3,535,430	30.2	60.4	1,145,270	12.5	19.6				
6月末	6,067,710	19.9	3,723,720	28.9	61.4	1,177,640	12.3	19.4				
9月末	6,334,620	19.4	3,921,260	25.8	61.9	1,221,400	11.7	19.3				
12月末	6,623,670	18.9	4,129,710	24.2	62.3	1,250,330	10.9	18.9	1971年12月	谷		
1972年 3月末	6,941,690	18.6	4,322,820	22.3	62.3	1,313,050	14.7	18.9				
6月末	7,168,510	18.1	4,431,760	19.0	61.8	1,371,100	16.4	19.1				
9月末	7,474,680	18.0	4,622,550	17.9	61.8	1,449,310	18.7	19.4				
12月末	7,807,220	17.9	4,832,050	17.0	61.9	1,536,940	22.9	19.7				
1973年 3月末	8,169,040	17.7	5,091,830	17.8	62.3	1,613,740	22.9	19.8				
6月末	8,440,680	17.7	5,253,740	18.5	62.2	1,669,760	21.8	19.8			1973年4月	引き締め
9月末	8,777,630	17.4	5,464,140	18.2	62.3	1,743,460	20.3	19.9				
12月末	9,141,030	17.1	5,693,880	17.8	62.3	1,772,030	15.3	19.4	1973年11月	山		
1974年 3月末	9,539,350	16.8	5,933,020	16.5	62.2	1,805,250	11.9	18.9				
6月末	9,855,080	16.8	6,138,170	16.8	62.3	1,865,110	11.7	18.9				
9月末	10,231,900	16.6	6,378,330	16.7	62.3	1,930,550	10.7	18.9				
12月末	10,622,300	16.2	6,635,580	16.5	62.5	1,968,380	11.1	18.5				

制策が出され、同年4月には強力な金融引き締め政策が発動された。

また、同年10月には石油危機が発生し、物価騰貴の勢いがさらに強められたため、総需要抑制策が一層強力となり、景気は下降局面を迎えることになった。

このように70年代前半のこの時期は、わが国の経済が高度成長から安定成長へ移行する過渡期であった。しかし、生保の資産運用に関する限りではあまり大きな変化が見られなかった。

そこで、この時期における生保の財務貸付と保有株式の総資産割合を見ると、従来と同様に財務貸付の割合は60％の高水準を占め、しかも増加傾向にあるのに対して、保有株式の割合は20％を割り、減少傾向にある。

この傾向は高度成長期においても一般的に見られた現象であり、わが国の経済が高度成長から大きく転換する過程においても生保の資産運用の方向性が変わっていないことがうかがわれる。

このように長期的視点からとらえた生保の資産運用は、いままでと変わらないことがわかった。それでは、景気循環との関わりでとらえた短期的な意味での資産運用はどうであろうか。

そこで、景気拡大の局面として1971年12月末から73年12月末までの財務貸付ならびに保有株式の増加率を見ると、財務貸付は低下傾向にあり、保有株式は逆に上昇傾向にある。

同様に、景気後退の局面として1973年12月末から75年3月末までの動きを見ると、今度は対照的に財務貸付の増加率はわずかではあるが、上昇傾向にある。また、保有株式の増加率もその程度は極めて小さいが、低下傾向にある。

このことより金融緩和政策のもとで景気が上昇する局面では財務貸付が低迷し、保有株式が増加し、反対に金融引き締め政策をきっかけに景気が下降局面に入ると、財務貸付は増加し、保有株式が低迷するという、従来の資産運用パターンがこの期間においても現れていることが確認できる。

（2）70年代後半以降の資産運用

　第一次石油危機以降、日本経済は高度成長から安定成長へ移行し、いままでのような積極的な設備投資が見られなくなった。そのことは直接、生保の資産運用にも影響を与えたため、資産構成も高度成長期の頃とは違った姿を現している。

　もちろん、安定成長期における生保金融の特色として、資産構成の変化のほかにいくつかの特徴も指摘できる。

　例えば、貸付分野では大企業向け貸付から中小企業向け貸付へのウエイトの上昇、個人融資分野への進出、そして海外融資の活発化などがあげられる。また、有価証券投資分野では公社債の増加、外国有価証券投資の増加などがあげられる。（佐藤（a）（b）（1984）参考）

　しかしながら、ここではいままでと同様に財務貸付と保有株式を中心にした生保の資産運用パターンについてだけ見ていくことにする。

　そこで、次に70年代後半を1975年3月から77年10月までの景気循環と、1977年10月から83年2月までの景気循環に分けて、**図表2-3(2)(3)**から生保の資産運用と景気循環の関係を詳しく見ていくことにしたい。

〈景気循環　1975年～77年〉

　石油危機に直面した日本経済は、1974年度にマイナスの成長を経験するなど、いままでとまったく違った経済状況に突入した。

　そのようななかで1975年に入り、公定歩合引き下げなど景気刺激策が打ち出されたことから景気は回復し、高度成長期の頃には及ばないにしても、成長率は毎年5％台を維持し続けた。

　その結果、1975年3月を景気の谷としながら、景気の上昇局面が始まった。だが、全体的に内需の盛り上がりに欠けたため、77年1月を景気の山とし、同年10月に景気の谷を迎えている。

　そこで、生保の資産運用に注目すると、従来と同様に景気循環に対応した

表 2-3(2)　生保の主要資産と経済指標―1970年代後半―

年・月	資金量		生保の主要資産							景気循環		公定歩合の変更	
			財務貸付			保有株式							
	金額(百万円)	増加率(%)	金額(百万円)	増加率(%)	割合(%)	金額(百万円)	増加率(%)	割合(%)	年・月	山・谷	年・月	金融緩和・引き締め
1975年 3月末	11,093,700	16.3	6,928,050	16.8	62.5	2,022,820	12.1	18.2	1975年 3月	谷	1975年 4月	緩和
6月末	11,441,200	16.1	7,158,200	16.6	62.6	2,093,080	12.2	18.3				
9月末	11,914,400	16.4	7,462,960	17.0	62.6	2,193,240	13.6	18.4				
12月末	12,366,700	16.4	7,754,420	16.9	62.7	2,246,510	14.1	18.2				
1976年 3月末	12,893,000	16.2	8,062,010	16.4	62.5	2,328,570	15.1	18.1				
6月末	13,248,300	15.8	8,285,000	15.7	62.5	2,405,660	14.9	18.2				
9月末	13,793,500	15.8	8,629,370	15.6	62.6	2,508,150	14.4	18.2				
12月末	14,294,200	15.6	8,934,320	15.2	62.5	2,585,770	15.1	18.1				
1977年 3月末	14,894,600	15.5	9,204,190	14.2	61.8	2,714,920	16.6	18.2	1977年 1月	山		
6月末	15,279,600	15.3	9,349,850	12.9	61.2	2,838,030	18.0	18.6				
9月末	15,869,600	15.1	9,569,960	10.9	60.3	2,955,510	17.8	18.6				
12月末	16,391,900	14.7	9,904,890	10.9	60.4	3,043,700	17.7	18.6	1977年10月	谷		
1978年 3月末	17,046,000	14.4	10,115,600	9.9	59.3	3,155,980	16.3	18.5				
6月末	17,502,800	14.6	10,214,500	9.2	58.4	3,280,020	15.6	18.7				
9月末	18,192,700	14.6	10,383,500	8.5	57.1	3,434,080	16.2	18.9				
12月末	18,844,800	15.0	10,688,700	7.9	56.7	3,514,130	15.5	18.6				
1979年 3月末	19,631,800	15.2	11,020,100	8.9	56.1	3,654,370	15.8	18.6			1979年 4月	引き締め
6月末	20,244,500	15.7	11,203,300	9.7	55.3	3,723,600	13.5	18.4				
9月末	21,081,600	15.9	11,541,600	11.2	54.7	3,852,750	12.2	18.3				
12月末	21,881,300	16.1	12,071,300	12.9	55.2	3,949,480	12.4	18.1				

動きを示していることがわかる。

　まず、景気の谷から山に向かう局面として1975年3月末から77年3月末までの生保の財務貸付ならびに保有株式の増加率を見ると、財務貸付は低下し、保有株式は上昇している。すなわち、安定成長期であっても、高度成長期の頃と同じ資産運用パターンが続いている。

　それに対して、景気の山から谷に向かう局面として1977年3月末から77年12月末までの動きを見ると、景気拡大期とまったく同様に、財務貸付の増加率は低下し、保有株式の増加率は上昇傾向にある。

　この動きはいままでのパターンと違ったものである。しかし、過去にも見られたように景気循環の局面ではなく、金融緩和と金融引き締めの局面に分けて整理するならば理解できる。つまり、景気後退の局面は一般に金融引き締め期に相当するが、この期間は1975年4月以降、公定歩合が引き下げられたため、金融緩和期に相当する。

　それゆえ、この時期を金融緩和の局面としてとらえるならば、景気拡大期と同様に財務貸付が低迷し、保有株式が増大するパターンはいままでと違っていない。

　生保の資産運用パターンをとらえる際に気づくことであるが、財務貸付であれ、保有株式であれ、全体的に変動の幅は50年代ならびに60年代の頃の高度成長期に比べて小さいことがその特徴としてあげられる。

　これは財務貸付と保有株式の絶対額それ自身が大きくなっているため、変化率は当然ながら小さくならざるを得ないからである。また、安定成長経済に入ったため、資金需要が減退したことも大きな理由としてあげられる。

　だが、基本的にはこの期間における資産運用パターンは、金融緩和・引き締めといった側面でとらえれば、いままでの動きと変わっていないと判断できる。

〈景気循環　1978年〜83年〉

　1978年に入ると石油危機が再び発生し、日本ばかりでなく欧米の主要国にも大打撃を与えた。その結果、マイナス成長を体験するなど、その影響は極めて大きなものであった。それでも、わが国の経済は欧米諸国に比べればダメージが比較的小さく、成長率もある程度の水準を維持できた。

　しかしながら、50年代、60年代の頃の面影はなく、平均4％台の成長を維持するという安定成長の経済に収束していった。

　もちろん、石油危機の高まりとともに省エネルギーの革新的投資が行われるなど、日本経済は厳しい環境のもとでも着実な回復を見せた。だが、石油価格の上昇から内需の盛り上がりが不足し、しかも世界的不況のあおりを受けたため、日本経済は安定成長に向かって着実に移行せざるを得なくなった。

　こうしたなかで景気循環の動きは1977年10月を景気の谷としながら、80年2月に景気の山を迎え、83年2月に景気の谷に至っている。

　そこで、次に安定成長経済下における生保の資産運用と景気循環の関係について見ていくことにしよう。

　まず、この期間における生保の財務貸付ならびに保有株式の総資産割合に注目すると、一般的傾向として両者とも低下傾向にあることがうかがわれる。

　それはわが国の経済が安定成長に移行し、産業設備資金の需要が低迷したことが大きな要因としてあげられる。そのため、高度成長の頃と違った状況に置かれ、かつてのような財務貸付60％台・保有株式20％台といった姿はなくなっている。

　先ほども指摘したことであるが、この時期の特徴としてそれぞれの増加率の動きはあまり変わらず、メリ張りの無さから景気循環に対応した短期的な動きがつかみにくい状態になっている。実際、増加率を見ると、10％前後の動きであり、高度成長の頃とはまったく違った数値になっている。

　そのような動きのとらえにくさにもかかわらず、いままでと同様に生保の財務貸付と保有株式の動きを丁寧に見ていくことにしたい。

表 2-3(3) 生保の主要資産と経済指標—1980年代前半—

年・月	資金量 金額(百万円)	資金量 増加率(%)	生保の主要資産 財務貸付 金額(百万円)	財務貸付 増加率(%)	財務貸付 割合(%)	保有株式 金額(百万円)	保有株式 増加率(%)	保有株式 割合(%)	景気循環 年・月	景気循環 山・谷	公定歩合の変更 年・月	公定歩合の変更 金融緩和・引き締め
1980年 3月末	22,744,300	15.9	12,504,000	13.5	55.0	4,055,120	11.0	17.8	1980年 2月	山		
6月末	23,506,500	16.1	12,980,600	15.9	55.2	4,158,620	16.7	17.7				
9月末	24,447,300	16.0	13,526,800	17.2	55.3	4,305,490	11.8	17.6			1980年 8月	緩和
12月末	25,292,200	15.6	14,136,800	17.1	55.9	4,406,100	11.6	17.4				
1981年 3月末	26,257,800	15.4	14,567,700	16.5	55.5	4,520,140	11.5	17.2				
6月末	27,119,400	15.4	14,970,800	15.3	55.2	4,630,320	11.3	17.1				
9月末	28,181,600	15.3	15,553,200	15.0	55.1	4,844,780	12.5	17.2				
12月末	29,054,300	14.9	15,962,400	12.9	54.9	4,983,300	13.1	17.2				
1982年 3月末	30,098,800	14.6	16,224,500	11.4	53.9	5,084,230	12.5	16.9				
6月末	31,095,600	14.7	16,591,900	10.8	53.4	5,226,050	12.9	16.8				
9月末	32,346,100	14.8	17,317,500	11.3	53.5	5,392,990	11.3	16.7				
12月末	33,394,600	14.9	17,685,200	10.8	53.0	5,462,450	9.6	16.4				
1983年 3月末	34,613,800	15.0	18,230,300	12.4	52.7	5,584,760	9.8	16.1	1983年 2月	谷		
6月末	35,756,800	15.0	18,476,500	11.4	51.7	5,757,630	10.2	16.1				
9月末	37,025,400	14.5	18,799,400	8.6	50.8	5,922,450	9.8	16.0				
12月末	38,142,000	14.2	19,063,000	7.8	50.0	6,067,230	11.1	15.9				

まず、景気の谷から山までの動きを見るため、1977年12月末から80年3月末までの財務貸付と保有株式の増加率に注目しよう。財務貸付は低下傾向にあるが、保有株式はいままでのパターンと違って上昇傾向にない。
　しかし、保有株式の総資産割合は確実に上昇している。この点を強調するならば、従来のパターンを踏襲していると言える。
　実際、1979年4月以降、景気拡大の局面で金融引き締めが実施され、その影響から財務貸付が増大し、保有株式は低迷している。それゆえ、このことからも従来の運用パターンの妥当性が確認できる。
　次に景気の山から谷に向かう局面として、1980年3月末から83年3月末までの動きを見ると、財務貸付の増加率は低下し続け、保有株式の増加率はほぼ上昇傾向にある。
　このことを景気循環の局面でとらえるならば、従来のパターンと異なった動きと解釈されるかもしれない。だが、1980年8月以降、公定歩合の引き下げにより金融緩和の局面にあるため、財務貸付が低迷し、保有株式が増大する動きはいままでと変わらない。
　このように1977年12月末から83年3月末までの財務貸付と保有株式の動きを見ると、景気循環の局面でとらえるのではなく、金融緩和・引き締めの局面でとらえれば従来の運用パターンと同じ展開が繰り広げられていると言える。
　つまり、金融緩和の局面では財務貸付が低迷し、保有株式が増大するのに対して、金融引き締めの局面では逆に財務貸付が増大し、保有株式が低迷している。
　このような生保特有の資産運用パターンは高度成長期の頃に比べれば、その変化の程度は著しく弱まり、明確な姿でとらえにくい状態になっている。だが、基本的にはまったく変わっていない。

第3節　生保の資産運用パターンをめぐる理論と実証

(1) 2つの仮説

　前章ならびに本章を通じて日本経済が戦後の復興を遂げ、高度成長そして安定成長を辿るなかでわが国の生保がいかなる資産運用行動をとってきたかをいままで見てきた。

　そこから得られたことは財務貸付と保有株式を中心に運用しながら、景気循環の局面や金融緩和・引き締めの局面に応じて相互に反対方向へ動く変動パターンを繰り返していたということである。

　もちろん、50年代から60年代の高度成長期と70年代以降の安定成長期では多少の変化が見られるが、資産運用パターンの姿が描き出されていることには変わりない。

　こうした生保金融の特徴について、一般に生保が金融界で限界供給者として位置づけられていたからだと解釈されている。企業からの旺盛な資金需要はまず銀行に向かい、次にそこから溢れた部分の資金需要が生保に向かうという構図である。

　だから、例えば景気循環が谷から山に向かう金融緩和の局面では銀行貸出が増え続けるのに対して、生保の財務貸付は低迷する。生保はその分を株式投資に振り分けるので保有株式が増えていく。

　もちろん、反対の局面では財務貸付が伸び、保有株式が低迷する。こうした説明を本書では「生保の限界供給者仮説」と名づけることにしよう。

　その一方で、生保の資産運用パターンを単純に運用収益の最大化だけを求めた合理的行動として解釈することも可能である。つまり、貸出金利と株式収益率を比較し、相対的に有利な資産に運用資金を回した結果に過ぎないという説明である。

　当時は貸出金利が硬直的であったので、株価変動の影響をもろに受ける株

式収益率によってほぼ決定づけられていたと考えられる。これを「生保の相対有利仮説」と呼ぶことにしよう。

限界供給者仮説では銀行貸出の動きが決定要因となり、相対有利仮説では株価の動きが決め手となる。だが、どちらも景気変動ならびに金融緩和・引き締めの局面では同じ動きをするので、どちらが正しい説明であるか、すぐに判断できないのが難点である。

図表2-4　生保の資産運用パターンとそれを取り巻く運用環境

(1) 景気変動と公定歩合

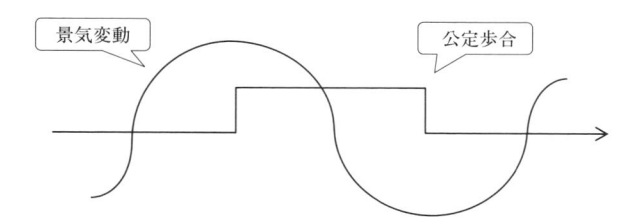

(2) 生保の資産運用パターン

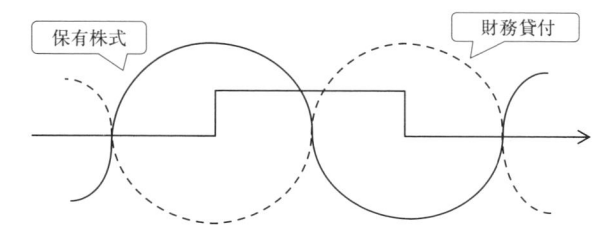

(3) 銀行貸出と株価の動き

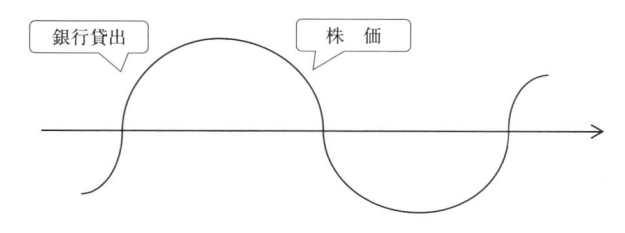

図表 2-4 はそうした２つの仮説を生保の資産運用パターンに関連づけながら体系的に整理したものである。

　このうち**図表 2-4**(1)は景気循環と公定歩合の関係を示し、**図表 2-4**(2)では生保の資産運用パターンを景気循環と公定歩合に対応づけながら描いている。

　そして、**図表 2-4**(3)も同じく景気循環と公定歩合に対応づけながら銀行貸出と株価の動きを示している。ここでは銀行貸出も株価もほぼ同じ動きをしているので、一本の曲線で描かれている。

　例えば、金融緩和から景気拡大に向かう局面では生保の財務貸付は低迷し、保有株式は上昇する。限界供給者仮説では銀行貸出が伸び、生保の財務貸付が押し出されたためと解釈する。押し出された資金は株式に向かうため、この局面では保有株式が増大する。

　一方、相対有利仮説のもとでは別の解釈が可能である。この局面では株価が上昇するので生保にとって財務貸付よりも保有株式のほうが相対的に魅力的な投資対象に映る。貸出金利よりも株式収益率のほうが上回るからである。それゆえ、生保の財務貸付は低迷し、保有株式は上昇する。

　反対に金融引き締めから景気後退に向かう局面では生保の財務貸付は上昇し、保有株式は低迷する。限界供給者仮説では銀行貸出が抑えられるので、その分だけ生保の財務貸付が増大し、逆に保有株式が押しのけられるためと解釈される。

　それに対して、相対有利仮説では株価の低迷が生保の動きを決定づける。この局面では株価が下落するため株式収益率が貸出金利に対して相対的に魅力が無くなる。そのため、生保の保有株式は低迷し、財務貸付が増大していく。

(2) 実 証 結 果

　限界供給者仮説であれ相対有利仮説であれ、解釈は異なるが、最終的に導

き出される生保の資産運用パターンは同じである。銀行貸出と株価が景気循環ならびに金融緩和・引き締めの局面で同じ動きをしているためである。

それゆえ、理論上、どちらが正しい説明であるかはわからないままとなる。そこで、ここでは単純な回帰分析を通してこの問題を解明していくことにしたい。

まず、限界供給者仮説が成立するならば、生保の財務貸付が銀行貸出の影響をもろに受け、次に生保の保有株式が変化する。そうであるならば、以下のような回帰式が成立するであろう。

【限界供給者仮説の回帰分析】

> 生保の保有株式増加率＝定数項－生保の財務貸付増加率
> －生保の財務貸付増加率（1期ラグ）
> ＋1次の系列相関

つまり、被説明変数に生保の保有株式増加率をとり、説明変数に生保の財務貸付増加率をとる。もちろん、両者は逆方向に動くので、説明変数の係数はマイナスになる。

ここで注目しなければならないのは説明変数に1期ラグの生保の財務貸付増加率が加えられている点である。生保の財務貸付は同じ期間に保有株式に影響を与えるが、1期の遅れを伴うことも考えられる。

それゆえ、説明変数に加えられた生保の財務貸付増加率（1期ラグ）の係数がマイナスで有意な値であるならば、限界供給者仮説は成立すると判断できる。もし、有意な値が得られなければ、完全に否定されるわけではないが、限界供給者仮説に対して疑問が残ることになる。

それに対して、相対有利仮説のもとでは株式収益率の動きから生保の保有株式が決定づけられ、次にその影響を生保の財務貸付が受けることになる。

それゆえ、この仮説を前提にしながら回帰式を求めれば、次のようになる。

【相対有利仮説の回帰分析】

　　　生保の財務貸付増加率＝定数項－生保の保有株式増加率
　　　　　　　　　　　　　　－生保の保有株式増加率（1期ラグ）
　　　　　　　　　　　　　　＋1次の系列相関

　この場合、被説明変数は生保の財務貸付増加率であり、説明変数は生保の保有株式増加率となる。先ほどと同様に1期ラグの説明変数も加えられている。保有株式の動きが財務貸付に影響を及ぼすので、ある程度の遅れを伴う部分も発生しているだろうと想定しているからである。

　当然ながら相対有利仮説が成立するならば、説明変数の生保の保有株式増加率の係数は今期も1期ラグもともにマイナスで有意な値が得られると推測できる。

　こうした2つの仮説に基づく回帰分析の結果が**図表2-5**にまとめられている。ここでは四半期データを用いながら計測期間を高度成長期に相当する1950年第1四半期から69年第4四半期と、安定成長期まで含めた1950年第1四半期から83年第4四半期までに分けて分析している。

　最初に計測結果の「（Ⅰ）限界供給者仮説」から見ていこう。2期間とも説明変数である今期の財務貸付増加率の係数はマイナスで、しかもt値が1％有意を示している。高度成長期も安定成長期も一貫して生保の資産運用パターンが成立していることがこの計測結果から確認できる。

　だが、同じ説明変数でも1期ラグの財務貸付増加率は係数がマイナスであるが、t値が有意でない。したがって、財務貸付が保有株式にある程度の遅れを伴って影響を及ぼしているとは言えない。

　もし限界供給者仮説が妥当するならば、生保の財務貸付が変化すれば保有

図表 2-5　2つの仮説による計測結果

	（Ⅰ）限界供給者仮説		（Ⅱ）相対有利仮説	
計測期間	(1) 高度成長期【1950年第1四半期～1969年第4四半期】	(2) 高度成長期～安定成長期【1950年第1四半期～1983年第4四半期】	(1) 高度成長期【1950年第1四半期～1969年第4四半期】	(2) 高度成長期～安定成長期【1950年第1四半期～1983年第4四半期】
被説明変数	〈保有株式増加率〉	〈保有株式増加率〉	〈財務貸付増加率〉	〈財務貸付増加率〉
定数項	39.904	23.869	41.405	21.121
t 値	2.641	1.516	3.267	1.278
判定	[**]	[ ]	[**]	[ ]
財務貸付増加率	▲0.707	▲0.674		
t 値	▲6.043	▲7.752		
判定	[**]	[**]		
財務貸付増加率（ラグ1期）	▲0.096	▲0.112		
t 値	▲0.828	▲1.303		
判定	[ ]	[ ]		
保有株式増加率			▲0.456	▲0.434
t 値			▲4.149	▲5.729
判定			[**]	[**]
保有株式増加率（ラグ1期）			▲0.384	▲0.381
t 値			▲3.487	▲5.032
判定			[**]	[**]
1次の系列相関	0.949	0.972	0.947	0.974
t 値	21.567	47.421	24.720	56.217
判定	[**]	[**]	[**]	[**]
自由度修正済み決定係数（$adj-R^2$）	0.913	0.927	0.929	0.950
F 値	199.266	476.872	247.997	715.254
ダービンワトソン比（DW）	1.396	1.459	1.683	1.625
件数（N）	58	114	58	114

(注1) 判定［**］：1%有意を意味する。
(注2) 網掛けは1%有意の箇所を示している。

株式に対して同じ期間だけでなく、ある程度の遅れを伴いながらも逆の動きをもたらすであろう。しかし、計測結果を見る限りではその可能性が確認できなかった。

次に同じ表から「（Ⅱ）相対有利仮説」の計測結果を見てみよう。2期間とも説明変数である今期の保有株式増加率の係数がマイナスで、t値が1%

有意を示している。これは先ほどの限界供給者仮説の結果と同じである。被説明変数と説明変数を取り換えただけなので当然の結果である。

注目しなければならないのは1期ラグの保有株式増加率である。相対有利仮説が成立するならば、今期だけでなく1期の遅れを伴っても財務貸付に影響を及ぼすであろうと思われるからである。そこで、この係数を見ると、2期間ともマイナスで t 値が1％有意を示している。

これにより保有株式が財務貸付に影響を及ぼす関係がつかめたことになる。つまり、景気循環の流れのなかで株式収益率が変化し、生保の保有株式を決定づけ、それに続いて財務貸付が影響を受けるという流れである。したがって、計測結果から判断する限り、相対有利仮説の可能性が浮かび上がったことになる。

以上のことから生保の資産運用パターンは限界供給者仮説よりも相対有利仮説のほうが妥当するように思える。

第4節　1980年代後半のバブル期に見る生保の資産運用

第1章ならびに第2章にかけて日本経済が戦後の復興から着実な成長を歩むなかで、生保がいかなる資産運用を行ってきたかを見てきた。そこには企業向けの財務貸付と保有株式をうまく組み合わせながら、景気循環そして金融緩和・引き締めに対応した動きが展開されていた。

この資産運用パターンは一般に実務家を中心に生保が当時の金融界で劣位に立たされていたために生じた現象であると解釈されている。それに対して高い運用収益を求めた結果であるという別の解釈も可能である。つまり、株式収益率の変動が硬直的な貸出金利のもとで生保の財務貸付と保有株式の動きを決定づけていたという説明である。

前節ではラグを伴った簡単な回帰分析から限界供給者仮説よりも、むしろ相対有利仮説のほうが妥当するであろうと判断した。もちろん、当時の生保

関係者達は戦後の長きにわたって銀行の優位性を感じていたので、特に大手銀行から押し出された資金需要が生保の運用を決定づけたと固く信じていたと思われる。

だが、そうした運用業務のなかで潜在的に収益の最大化を求めたビジネスとして常識的な行動が繰り広げられていたとも感じられる。先ほどの回帰分析の計測結果はそのことを統計的に証明したと言えよう。

図表 2-6　生保の資産構成の推移―バブル期―

		1985年度	1986年度	1987年度	1988年度	1989年度	1990年度
現金・預金・コールローン		63,953 (11.9)	77,006 (11.8)	96,285 (12.1)	111,250 (11.5)	110,672 (9.5)	128,656 (9.8)
貸付金		243,722 (45.2)	253,366 (38.8)	285,632 (36.0)	334,828 (34.5)	410,671 (35.4)	498,943 (37.9)
	財務貸付	223,986 (41.6)	234,623 (35.9)	262,150 (33.1)	309,737 (31.9)	383,527 (33.0)	466,747 (35.5)
	契約者貸付	19,736 (3.7)	21,743 (3.3)	23,482 (3.0)	25,091 (2.6)	27,144 (2.3)	32,196 (2.4)
有価証券		189,814 (35.2)	267,919 (41.0)	349,337 (44.1)	447,495 (46.1)	547,783 (47.2)	588,873 (44.7)
	国債	26,968 (5.0)	38,518 (5.9)	44,959 (5.7)	58,359 (6.0)	45,813 (3.9)	49,614 (3.8)
	地方債	7,168 (1.3)	7,188 (1.1)	8,525 (1.1)	9,257 (1.0)	8,664 (0.7)	7,805 (0.6)
	社債	26,649 (4.9)	32,669 (5.0)	35,970 (4.5)	39,595 (4.1)	45,738 (3.9)	52,578 (4.0)
	株式	81,139 (15.1)	111,005 (17.0)	155,777 (19.7)	195,942 (20.2)	253,600 (21.8)	289,170 (22.0)
	外国証券	47,890 (8.9)	78,539 (12.0)	104,106 (13.1)	144,342 (14.9)	193,966 (16.7)	189,705 (14.4)
不動産		31,962 (5.9)	37,770 (5.8)	44,862 (5.7)	55,558 (5.7)	65,520 (5.6)	71,864 (5.5)
その他		9,255 (1.7)	17,111 (2.6)	16,468 (2.1)	21,697 (2.2)	26,951 (2.3)	27,852 (2.1)
総資産		538,706 (100.0)	653,172 (100.0)	792,584 (100.0)	970,828 (100.0)	1,161,597 (100.0)	1,316,188 (100.0)

（注）単位：億円、％。括弧内は構成割合を示す。

本節では相対有利仮説の妥当性をさらに納得してもらうため、別の角度から見ていくことにしたい。それは 80 年代後半に展開した生保の資産運用行動に注目することである。

　日本経済が安定成長から 80 年代後半のバブル期に突入すると、生保は高い収益率を生み出す資産をいままで以上に多く保有するようになった。まさに本来の収益性を重視した資産運用を繰り広げることで、相対有利仮説をさらに強めた動きに転じている。

　それ以前は財務貸付と株式が主要な投資対象であったが、この頃から外国証券も積極的に保有するようになった。

　図表 2-6 は 80 年代後半の生保の資産構成の推移をまとめたものである。従来と同様に財務貸付と株式が代表的な投資対象となっているが、外国証券が急激に伸びているのが確認できる。

　これら 3 種類の動きを明確にとらえるため、図で描いたものが**図表 2-7** である。この図を見るとわかるように財務貸付の保有割合が下がる時はいまま

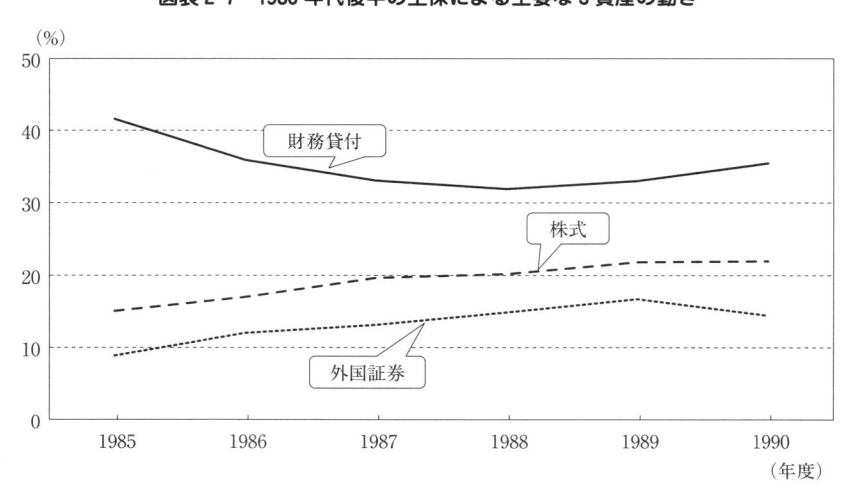

図表 2-7　1980 年代後半の生保による主要な 3 資産の動き

でのように株式だけがその割合を伸ばすのではなく、外国証券も高めている。

　当時はバブル期に突入し、日経平均株価が今日では信じられないほど上昇を続け、株式保有の魅力が急激に高まっていった。それと同時に日米金利差が拡大し、外債投資に対する魅力も高まっていった。国内で運用するよりも米国等の海外で運用したほうが金利面で有利な環境が生み出されていったのである。

　こうしたことから財務貸付は相対的に不利な投資対象となり、運用資金はあまり流れなくなった。それに代わって大量の運用資金が株式と外国証券に向かっていった。まさに３種類の資産から生み出される収益率を比較し、相対的に有利な資産を選択した結果であると言える。

　つまり、財務貸付は３種類の資産のなかで収益性が最も見劣りするため、保有割合が減ったのであり、一方、株式と外国証券はともに収益性が高まっていたため、両方の割合をほぼ同時に拡大していったのである。

　これらの動きを見ることから相対的に有利な運用資産を選択する生保の投資姿勢は戦後の長期間にわたって貫かれていたと感じる。そうでなければ、バブル期に入って突然、収益性という点で魅力的な外債投資などにかなりの投資資金を振り向けるような動きは生じなかったであろう。

　以上のことから、わが国の生保は相対有利仮説にしたがって効率的に資産運用していたと結論づけられる。もちろん、その後も運用姿勢は変わらず、時代の環境に応じた適切な資産選択を展開している。

第2部

バブル崩壊後の生保経営

第3章

生保の経営危機と配当政策の変更

第1節　生保危機の発生

(1) 生保システムの変化

　わが国の生保業界の動きを振り返ってみると、日本経済とともに着実な成長を歩んできたと言える。1950年代後半から60年代後半の高度成長期に始まり、その後の安定成長期、そして80年代後半のバブル期にかけて、生保業界は日本経済と歩調を合わせるように目覚しい成長を繰り広げてきた。

　ところが、1990年代後半から2001年初頭にかけて盤石な生保システムは一変し、誰もが予想だにしなかった危機的状況に陥ってしまった。なぜなら、生保7社が次々と破綻したからである。もちろん、特殊な個別事情から破綻したならば、生保業界全体に及ぼす影響は軽微だったであろう。

　だが、1997年4月に戦後初の生保破綻が起きてから新規契約の伸び悩みをはじめとして、解約・失効の増大といった深刻な現象がほとんどの生保に見られた。その結果、生保業界全体の保有契約高は長期にわたって減少する状況に突入していった。

　このような不安定な生保システムを立て直すには自己資本を増強し、あらゆる経営リスクから生保を守るのが一番であろう。そのためには日々の業務から生み出された利益を確実に蓄積していかなければならない。

しかし、過去における生保の配当政策を見ていくと、1年間の経営成果である剰余金のほとんどを契約者に分配している。これはいままで生保が破綻とまったく無縁な状況が続いていたからであろう。その結果、生保の自己資本は極めて低い状態のままにある。

　生保不倒神話が完全に消えたいまでは、生保はそれに対応した動きに転じていかなければならない。すなわち、生保の配当政策を大幅に見直し、剰余金のほとんどを契約者への配当に充てる従来の方針を変更し、内部留保に向かわせていかなければならない。

　生保自身もそのことを認識しているのであろう。剰余金のうち配当が占める割合を見ていくと、生保危機が表面化した90年代後半から低下傾向にある。残りの部分が生保内部に留まるので、生保は自己資本の増強に向かっていると解釈できる。

(2) 生保を取り巻く環境の変化

　バブル崩壊後の生保を取り巻く環境は非常に厳しい。周知のように運用利回りが予定利率を下回る逆ざや問題が長期間にわたって発生しているからである。その結果、生保が相次いで破綻している。生保システムの脆弱性はまさに逆ざや問題から始まっていると言える。

　それゆえ、生保の配当政策を考えていくには生保危機の元凶である逆ざや問題に注目しながら、それをめぐる環境の変化に注意を払う必要がある。

　そのひとつは生保商品がもはや安全資産でなくなったことであろう。破綻で予定利率が強制的に引き下げられ、保険金や年金が大幅に削減されることを知った契約者たちは、生命保険を投資信託と同じ危険資産としてみなし始めている。そのため、財務内容の悪化した生保は新規契約の伸び悩みと解約・失効の増大から、経営がさらに悪化する悪循環に陥っている。

　もうひとつは近い将来取り入れられるであろう時価会計の動きである。もちろん、時価会計はすでに有価証券などを対象にしながら資産側で実行され

ている。しかし、生保にとって重要なのは負債側の時価会計の導入である。

　将来生み出される逆ざやが適格に反映される負債の時価会計が導入されれば、一瞬にして財務内容の悪化した生保が浮き出される。今日では負債が簿価のままであるからこそ、危険な生保も健全のように取り繕うことができる。もし時価会計といった生保を取り巻く会計制度の変化が起きれば、生保不安はさらに現実のものとなるであろう。

　このように生保の周辺では契約者達の生保商品に対する意識変革と真の財務内容を抉る会計制度の動きが起きている。これらの要因が急速な勢いで進んで行けば、生保システムの不安定性がさらに高まっていくことは間違いない。

　この危険な動きを阻止する有効な手段はやはり自己資本の充実であろう。それが配当政策の変更となって現れている。そこで、本章では配当の動きを丁寧に追いながら、生保を取り巻く環境の変化について相互に関連づけながら展開していくことにしたい。これによって今日の生保の姿ばかりでなく、将来の生保の姿も透けて見えるであろう。

第2節　生保の配当政策

(1) 剰余金の発生と処分のメカニズム

　わが国の主要生保の多くが相互会社組織である。相互扶助を経営理念とした趣旨から剰余金が発生した場合、そのほとんどを社員と呼ぶ契約者に「社員配当金」が分配される仕組みになっている。

　保険業法ならびに保険業法施行規則では、そのような剰余金の分配と最低の割合が規定されている。なお、株式会社組織の生保では「契約者配当金」と呼ばれている。

　生保の配当は1年間における収入と支出の差である剰余金から契約者に分配される。そのことを確認するには決算時に発表される「損益計算書」と「剰

図表 3-1　生保の剰余金発生と処分のメカニズム

(1) 生保の損益計算書

経常損益の部	＋	経常収益
		うち保険料等収入 　　資産運用収益 　　　　利息および配当金等収入 　　　　有価証券売却益 　　　　特別勘定資産運用益 　　　その他経常収益 　　　責任準備金戻入額
	－	経常費用
		うち保険金等支払金 　　責任準備金等繰入額 　　資産運用費用 　　　　有価証券売却損 　　　　有価証券評価損 　　　　貸倒引当金繰入額 　　　　特別勘定資産運用損 　　事業費
	＝	経常利益

特別損益の部	＋	特別利益
		うち貸倒引当金戻入額 　　保険業法112条評価益
	－	特別損失
		うち不動産動産等処分損 　　価格変動準備金繰入額 　　不動産評価損 　　退職給付引当金繰入額
	＝	特別損益

＝	税引前当期剰余
－	法人税および住民税
－	法人税等調整額
＝	当期剰余
＋	社会厚生福祉事業助成資金取崩額
＝	当期未処分剰余金

(2) 生保の剰余金処分

剰余金の処分		当期未処分剰余金
	＋	任意積立金取崩額
		うち不動産圧縮積立金取崩 　　不動産圧縮特別勘定積立金取崩
	＝	剰余金処分額
	－	うち社員配当準備金
	＝	純剰余金
		うち損失填補剰余金 　　基金償却積立金 　　基金利息 　　任意積立金
		うち基金償却準備金 　　不動産圧縮積立金 　　不動産圧縮特別勘定積立金

(注) 生保各社のディスクロージャー誌を参照。

余金処分」に注目すればよい。**図表 3-1**は相互会社組織の生保から損益計算書と剰余金処分の主な項目を並べたものである。

まず、この表の「(1) 生保の損益計算書」を見るとわかるように、保険料収入を中心とした経常収益から、保険金支払金などの経常費用を引いた金額が「経常利益」となる。この経常利益に特別利益を加え、特別損失を引き、さらに法人税や住民税などを引いた結果が「未処分剰余金」である。

決算では損益計算書から導出された未処分剰余金がどれだけ契約者に配当として分配されるかを示した数値も発表される。それが「(2) 生保の剰余金処分」である。この表からわかるように当期未処分剰余金に任意積立金取崩額を加えたものが剰余金処分額となり、ここから社員配当準備金と純剰余金に分かれていく。

「社員配当準備金」は保険契約に対する配当を行うために繰り入れられた金額であり、「純剰余金」は基金償却の積立金などに充てられている。社員配当準備金が多ければ翌年度に配当として生保から資金が流出していくことになる。

それに対して純剰余金が多ければ生保内部に資金が留まり、資本の厚みが増していく。今日では基金の増額が主要生保を中心に実施されているため、純剰余金は基金償却の積立金に充てられていると言える。

なお、株式会社組織の生保では「当期未処分利益」は契約者配当準備金繰入後の金額であり、契約者配当準備金繰入は損益計算書の項目となっている。

(2) 配当準備金繰入額の推移

それでは生保経営の成果である剰余金のうち、どれぐらいの割合が配当準備金として繰り入れられ、残りの純剰余金はどれぐらいであるのだろうか。実際に過去の結果を見ていくことにしよう。

図表 3-2は内国生保全社を対象にした総剰余金、配当準備金繰入額、純剰余金の動きを整理したものである。もちろん、ここで言う配当準備金繰入額

図表 3-2 社員配当準備金繰入額と純剰余金の推移

年度	総剰余金【1】	社員配当準備金繰入額【2】	割合【2】/【1】	純剰余金【3】	割合【3】/【1】
1965 年度	1,052	1,029	97.8	23	2.2
	—	—	—	—	—
1975 年度	7,879	7,827	99.3	52	0.7
	—	—	—	—	—
1980 年度	16,086	16,022	99.6	64	0.4
1981 年度	17,123	17,058	99.6	65	0.4
1982 年度	19,126	19,046	99.6	80	0.4
1983 年度	21,015	20,938	99.6	77	0.4
1984 年度	23,571	23,501	99.7	70	0.3
1985 年度	24,338	24,235	99.6	103	0.4
1986 年度	26,078	25,967	99.6	111	0.4
1987 年度	28,770	28,658	99.6	112	0.4
1988 年度	30,465	30,348	99.6	117	0.4
1989 年度	36,725	36,610	99.7	115	0.3
1990 年度	37,345	37,228	99.7	117	0.3
1991 年度	28,955	28,840	99.6	115	0.4
1992 年度	20,085	19,963	99.4	123	0.6
1993 年度	14,772	14,649	99.2	123	0.8
1994 年度	12,535	12,414	99.0	121	1.0
1995 年度	12,726	12,433	97.7	292	2.3
1996 年度	14,919	13,115	87.9	1,804	12.1
1997 年度	11,310	9,477	83.8	1,834	16.2
1998 年度	16,294	8,770	53.8	4,846	29.7
1999 年度	14,543	10,851	74.6	3,614	24.9
2000 年度	7,774	5,806	74.7	2,359	30.3

（注1）単位：億円、％。
（注2）『生命保険ファクトブック』（生命保険文化センター）参照。

は、相互会社の社員配当準備金に株式会社の契約者配当準備金を加えたものである。

期間は1965年度から2000年度であり、60年代と70年代は代表として65年度と75年度の数値だけを取り出し、80年代以降は各年度ごとに数値が出されている。

このうち、1990年代前半までの期間に絞って見ていくと、総剰余金のほとんどを配当準備金繰入額に充てていた実態がわかる。実際に配当準備金繰入額の総剰余金に占める割合（＝配当準備金繰入額／総剰余金×100）を見ると、大部分の年度が99％台である。

一方、内部留保に充てる純剰余金は総剰余金から配当準備金を差し引いた残りであるため、わずかな金額しか残されていない。純剰余金の総剰余金に占める割合（＝純剰余金／総剰余金×100）を見ると、1％にも満たない極めて低い数値である。

このように配当準備金繰入額そして純剰余金の割合を見ていくと、生保は戦後の長期にわたって剰余金のほとんどを配当として契約者に分配し、生保内部には資金を蓄積していなかったことがわかる。

ところが、1990年代後半に入ると、配当準備金繰入額の割合は低下し、純剰余金の割合が上昇している。いままでとはまったく違った動きが見られるうえ、その傾向は年度ごとに強まっていることも確認できる。

なお、純剰余金は実際には総剰余金から配当準備金だけを引いた金額でないため、配当準備金と純剰余金の合計が総剰余金にならない年度もある。しかし、その差はわずかである。

（3）生保危機の影響

それでは、なぜ配当の割合は低下傾向にあるのだろうか。容易に推測できるように、それは生保危機が影響しているからである。1997年4月に戦後初の生保破綻が起きて以来、生保不倒神話は完全に消え去り、生保は一般の事業会社と同様に破綻する時代に入った。

破綻と無縁な時代ならば、かつてのように剰余金のうち99％を配当とし

て流出してもよかったかもしれない。だが、危機的状況のもとでは難しい。

　破綻をできる限り回避するには年度ごとに確実に資金を生保内部に蓄積する必要がある。その動きが配当性向の低下となって現れていると思われる。

　もし十分な資金が内部に蓄積されている生保ならば、財務内容の健全化が人々から評価され、新規契約が伸び、解約・失効も低いだろう。その結果、保有契約高は伸びていく。

　それに対して剰余金のほとんどを配当として分配する生保ならば、財務内容が悪化する可能性が高い。そのため、新規契約は伸びず、しかも解約・失効も高くなり、保有契約高は減っていく。

　保有契約高の減少は生保の財務内容を一層悪化させ、負のスパイラル現象を引き起こす。そのことは生保破綻を引き起こす可能性を著しく高めることになる。

　そうした最悪の事態に陥らないようにするため、多くの生保は配当の割合を低め、内部留保を高めている。

第3節　生保危機と契約者の行動

(1) 生保の破綻処理策

　配当の変化を考えていくうえで、生保危機の実態を知ることは極めて重要である。生保が破綻しなければ、生保の経営理念から考えてみても剰余金の多くを配当として分配してもそれほど不思議ではない。それを大きく変更するきっかけとなったのは、やはり生保破綻が連続的に発生したからであろう。

　最初の破綻は1997年4月に起きた日産生命であり、2年後の99年6月には東邦生命が破綻した。そして翌年の2000年5月に第百生命、同年8月に大正生命、同年10月には千代田生命、協栄生命、そして01年3月には東京生命が破綻した。4年間に合計7社の生保が消え去ってしまった。

　図表 3-3 は破綻生保7社の処理策を時間の経過にしたがって整理したもの

図表 3-3　破綻生保の最終処理策—1997 年～2001 年—

	日産生命	東邦生命	第百生命	大正生命	千代田生命	協栄生命	東京生命
破綻時点	1997 年 4 月	1999 年 6 月	2000 年 5 月	2000 年 8 月	2000 年 10 月	2000 年 10 月	2001 年 3 月
債務超過額	3,000 億円	6,500 億円	3,200 億円	365 億円	3,119 億円	6,895 億円	731 億円
セーフティネットからの援助額	2,000 億円	3,600 億円	1,450 億円	262 億円	なし	なし	なし
新予定利率	2.75%	1.50%	1.00%	1.00%	1.50%	1.75%	2.60%
責任準備金削減率	削減なし	10%削減	10%削減	10%削減	10%削減	8%削減	削減なし
早期解約控除の期間	7 年間	8 年間	10 年間	9 年間	10 年間	8 年間	10 年間
早期解約控除の控除率	15%～3%削減	15%～2%削減	20%～2%削減	15%～3%削減	20%～2%削減	15%～2%削減	20%～2%削減
引受会社	あおば生命	GE エジソン生命	マニュライフ・センチュリー生命	あざみ生命	AIG スター生命	ジブラルタ生命	T&D フィナンシャル生命
出資会社	仏アルテミス	米 GE キャピタル	加マニュライフ・ファイナンシャル	大和生命	米 AIG	米プルデンシャル	太陽生命・大同生命

(注) 『生保危機の本質』(小藤康夫) より引用。

である。ここでは破綻時点、債務超過額、セーフティネットからの援助額、新予定利率、責任準備金削減率、早期解約控除の期間・控除率、引受会社、出資会社が破綻生保ごとに並べられている。

　このなかで契約者への負担が直接及ぶ項目は「新予定利率」と「責任準備金削減率」であろう。高い予定利率の契約が低い予定利率に転換させられたり、また契約者の積立金である責任準備金が削減されれば、それだけ契約者への負担が増大する。

　この 2 つの項目を中心に見ていくと、契約者への負担が破綻生保によって違っていることがわかる。そこで、最初に破綻した日産生命と、破綻生保のなかで契約者への負担が厳しかった第百生命の、2 つのケースを取り上げながら、生保が破綻すると契約者にどのような影響を及ぼすのかを見ていくこ

とにしたい。

（2）日産生命の破綻処理策

　最初に破綻した日産生命を見ると、債務超過額は3,000億円で、そのうち2,000億円が当時のセーフティネットであった生命保険契約者保護基金から拠出されている。残りの1,000億円は将来の収益でまかなわれることになった。

　曖昧な処理策であるが、契約者達の積立金である責任準備金は削減されなかった。破綻した生保のなかで数少ない、責任準備金が削減されなかったケースである。その意味では契約者への負担が小さかったと言える。

　しかし、高い予定利率の保険契約が2.75％まで引き下げられたため、契約者達が受け取る予定の保険金・年金額は大幅に削減された。しかも、破綻したあとも解約による資金流出を押さえるための解約控除の措置もとられたため、契約者への負担はさらに強められた。

図表3-4　日産生命の破綻処理策

(1) 契約を継続する場合の保険金・年金額の変化

	契　約　年　度				
	1988年度	1990年度	1992年度	1994年度	1996年度
定期保険（10年満期）	○	○	○	○	○
医療保険（10年満期）	○	○	○	▲1％	○
定期付終身保険（10倍型・60歳払込済）	▲9％	▲13％	▲12％	▲3％	○
養老保険（20年満期）	▲21％	▲20％	▲21％	▲9％	○
終身年金（60歳払込済65歳年金開始）	▲43％	▲44％	▲45％	▲21％	○

(2) 解約する場合の返戻金

解約時期	1年目	2年目	3年目	4年目	5年目	6年目	7年目	8年目以降
返戻金	▲15％	▲13％	▲11％	▲9％	▲7％	▲5％	▲3％	0％

（注1）モデルはすべて男性40歳で加入、年払。医療保険には手術特約を含む。
（注2）保険金・年金額の変化は、契約期間中の支払総額の変化を示す。
（注3）○は変わらず、▲は減を示す。
（注4）『日本経済新聞』1997年6月21日参照。

図表 3-4は日産生命の保険金・年金額の削減率と解約控除時の返戻金の控除率を示したものである。このなかで契約者達にとって最も衝撃的な発表は、やはり保険金・年金額の削減率であろう。例えば、養老保険（20年満期）では最大で21％の削減であり、終身年金（60歳払込済65歳年金開始）では45％も削減されている。

これでは生命保険が持つ本来の保険機能を果たしているとはまったく言えない。大幅に削減された保険金・年金額の提示が契約者に与えた衝撃は大きかったであろう。

（3）第百生命の破綻処理策

第百生命は東邦生命に続く3番目に破綻した生保である。大正生命と同様に新予定利率が破綻生保のなかで最も低い1％にまで引き下げられた。しかも、日産生命のように責任準備金が全額保証されず、1割が削減される措置もとられた。

このことは契約者への負担が日産生命のケースよりも一層強いられることを意味する。新予定利率が1％まで引き下げられたうえ、責任準備金が1割削減されれば、当然のことながら日産生命の破綻処理よりも一層厳しい結果がもたらされることが容易に想像できる。

図表 3-5では第百生命の破綻処理策として、先ほどと同様に保険金・年金額の削減率と解約控除の返戻金の控除率が示されている。このうち保険金・年金額の削減率に注目すると、例えば養老保険（15年満期）では最大26％、個人年金（60歳年金開始）では最大73％が削減されている。このことから日産生命のケースよりも厳しい処理策が打ち出されていることが確認できる。

このように生保が破綻すると、予定利率が引き下げられ、さらに責任準備金も削減されるため、保険金や年金額が大幅に減少する。契約者達は生保破綻が繰り返され、処理策が発表されるたびに、厳しい現実を学んでいった。

図表 3-5　第百生命の破綻処理策

(1) 契約を継続する場合の保険金・年金額の変化

	加入年齢	契約年度								
		1990年度	1991年度	1992年度	1993年度	1994年度	1995年度	1996年度	1997年度	1998年度
養老保険 （15年満期）	20歳	▲23%	▲25%	▲26%	▲24%	▲19%	▲20%	▲14%	▲13%	▲13%
	40歳	▲23%	▲25%	▲26%	▲23%	▲19%	▲19%	▲14%	▲13%	▲13%
定期付終身保険 （30年払込満了・ 10倍型・15年更新）	20歳	▲8%	▲8%	▲8%	▲7%	▲6%	▲6%	▲5%	▲5%	▲5%
	40歳	▲6%	▲6%	▲6%	▲5%	▲5%	▲5%	▲7%	▲6%	▲6%
終身保険 （60歳払込満了）	20歳	▲68%	▲67%	▲67%	▲63%	▲54%	▲54%	▲41%	▲41%	▲41%
	40歳	▲62%	▲62%	▲62%	▲57%	▲48%	▲47%	▲36%	▲35%	▲35%
個人年金 （60歳年金開始）	20歳	−	▲72%	▲73%	▲67%	▲56%	▲56%	▲41%	▲41%	▲41%
終身年金 （10年保証付き）	40歳	−	▲56%	▲57%	▲51%	▲42%	▲43%	▲30%	▲31%	▲31%

(2) 解約する場合の返戻金

解約時期	1年目	2年目	3年目	4年目	5年目	6年目	7年目	8年目	9年目	10年目	11年目以降
返戻金	▲20%	▲18%	▲16%	▲14%	▲12%	▲10%	▲8%	▲6%	▲4%	▲2%	0%

(注1) 加入者は男性。保険料の払込方法は原則として口座振替月払い。
(注2) ▲は減、−は該当なしを示す。
(注3) 『日本経済新聞』2001年1月20日参照。

(4) 契約者が生保破綻から得た教訓

　生保破綻を通して人々はさまざまなことを教訓として得た。そのひとつは終身保険や養老保険、そして個人年金といった生保商品はすでに「安全資産」でなくなり、「危険資産」としてみなさなければならないことであろう。

　金融資産を大きく分類すると、国債や銀行預金などのように元本や利息が約束された安全資産と、投資信託や株式などのように不確実な危険資産の2種類がある。

　生保が破綻しない時代ならば生保商品は代表的な安全資産であった。生保は約束された保険金や年金を確実に支払うことができたからである。

　ところが、今日のように生保が破綻し、保険金や年金が一方的に減額されるもとでは、生保商品はもはや安全資産でなく、投資信託に極めて類似した

危険資産としてとらえられる。

　投資信託は運用成果によって元本以上の資金が得られる可能性もあるが、逆に運用が悪化した場合は元本を割り込むことにもなる。生保が破綻した場合は約束された保険金や年金が削減されるため、生保商品は投資信託に近い金融商品とみなすことができる。

　これにより人々は生保の財務内容にますます関心を払うようになる。なぜなら、財務内容が健全な生保ならば破綻の可能性が低いため、保険金や年金の支払いは確実に行われるが、財務内容が悪化している生保ならば破綻の可能性が高まり、保険金や年金の支払額は削減される可能性が高まるからだ。

　したがって、自分が加入している生保やこれから加入する生保の財務内容について、いままで以上に関心を払うようになるであろう。当然、生保はそれに応えるような動きを展開しなければならない。その代表的な対応策が自己資本の充実である。

　自己資本の充実はソルベンシー・マージン比率の上昇となって多くの人々に伝わるため、ますます重要度が増している。

　剰余金のほとんどを配当として契約者に分配していた時代から、今日では内部に留める動きを強める傾向にある。まさに自己資本を高めることで財務内容の健全化を強調するとともに、約束した保険金支払いや年金給付の確実性も訴えているのである。

第4節　不確実性下の生保商品モデル

(1) 危険資産としての生保商品

　生保不倒神話が完全に崩壊した状況のもとでは、生命保険は過去のような安全資産としてみなすことができず、投資信託のような危険資産として分類される傾向にある。そこで、生命保険を危険資産としてとらえた場合のモデルを展開してみることにしたい。

図表 3-6 不確実性下の生保商品モデル

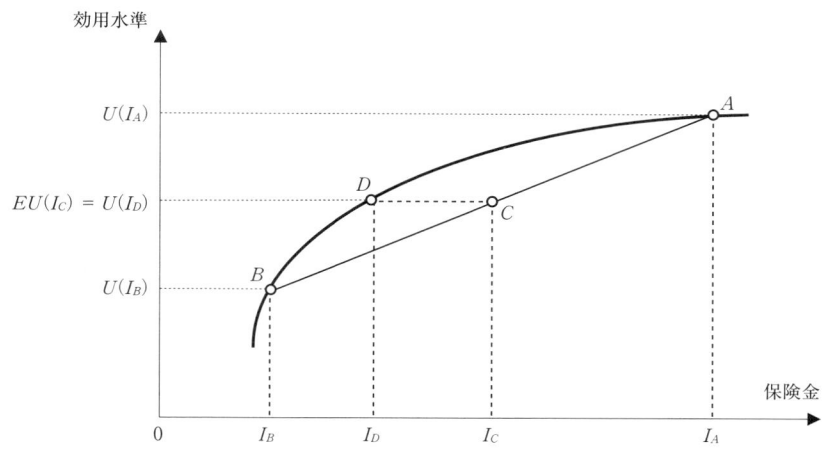

(1) 危険資産としての生保商品
　　―内部留保が薄いために人々が抱く生保破綻の主観的確率が高いケース―

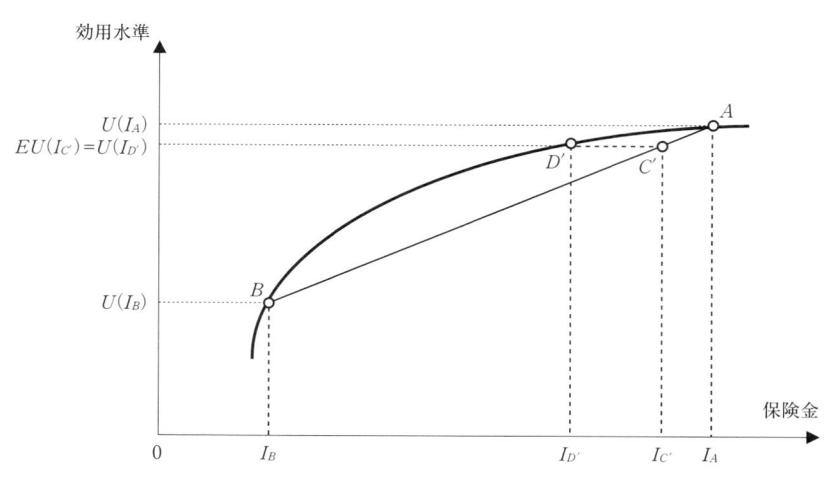

(2) 自己資本の増大が及ぼす効果
　　―内部留保が厚いために人々が抱く生保破綻の主観的確率が低いケース―

早速、養老保険や終身保険といった貯蓄性の高い保険商品を対象にしながら、約束された保険金が支払われる場合と、破綻により保険金が削減される場合の2つを考えてみよう。**図表 3-6**(1)はそのことを示したものである。

　いま、生保が破綻せず、約束された保険金 I_A が支払われるとしよう。その時、契約者の効用は上に凸で描かれた効用曲線上の A 点から $U(I_A)$ となる。しかし、生保が破綻する場合には保険金が削減されて I_B となるので、契約者の効用は B 点から $U(I_B)$ となり、効用水準は大幅に下がることになる。

　もちろん、契約者は事前に自分自身が加入している生保が破綻するかどうかはわからない。それゆえ、契約者は生保の財務内容などを通して破綻の可能性を推測することになる。

　そこで、契約者が推し量った生保破綻の可能性を「主観的確率 P」で表すと、その生保商品が生み出す期待効用 EU は次のように表現できる。

$$EU = (1-P) \cdot U(I_A) + P \cdot U(I_B)$$

この場合の期待値 I_C は保険金 I_A と保険金 I_B から

$$I_C = (1-P) \cdot I_A + P \cdot I_B$$

となるため、期待効用 EU は期待値 I_C を示す直線 AB 上の C 点の期待効用 $EU(I_C)$ に相当する。それは C 点から横に伸ばした直線と効用曲線が交わる D 点からわかるように、保険金 I_D が確実に支払われる場合の効用 $U(I_D)$ と同じになる。

$$EU(I_C) = U(I_D)$$

　すなわち、破綻の可能性がある場合の生保商品は保険金が表向き I_A とい

う高い金額であっても、それよりも低い金額の保険金 I_D が確実に支払われる生保商品と同じことになる。このことから生保が破綻する可能性がある場合、実質的保険金が下がっていると解釈できる。

表面的には保険金 I_A が支払われる生保商品であっても、生保が破綻する時代では I_A よりも低い金額の保険金 I_D を確実に支払う保険と同じにみなされてしまう。その結果が新規契約の伸び率の減少ならびに解約・失効の増大という形で、保有契約高の減少につながっている。

このような動きを回避するには人々が抱く生保の破綻可能性を低めるようにすればよい。その具体的方法が自己資本の充実である。

(2) 自己資本の増大が及ぼす効果

今日の生保は剰余金のうち配当に向ける割合を低めながら、自己資本を蓄積する傾向にある。図表3-6(2)はそのような自己資本の増大が契約者の期待効用にいかなる影響を与えるかを不確実性下の生保商品モデルを通して見ている。

自己資本が高まれば、当然、契約者が抱く生保破綻の可能性が低くなる。そのことを先ほどのモデルで表現すれば、契約者が予想する破綻の主観的確率は P から P' へ下落する。

$$P > P'$$

破綻確率の減少は保険金の期待値を先ほどの I_C から $I_{C'}$ へと増大させる。

$$I_{C'} = (1-P') \cdot I_A + P' \cdot I_B > I_C = (1-P) \cdot I_A + P \cdot I_B$$

そのため、生保商品から生み出される期待効用 EU は $EU(I_{C'})$ となり、以前よりも高まることになる。

$$EU(I_{C'}) = (1-P')\cdot U(I_A) + P'\cdot U(I_B)$$
$$>EU(I_C) = (1-P)\cdot U(I_A) + P\cdot U(I_B)$$

　これは保険金 $I_{D'}$ が確実に支払われる保険と同じなので、この生保商品から生み出される期待効用は C' 点から横に伸ばした直線と効用曲線が交わる D' 点からわかるように、保険金 $I_{D'}$ が確実に支払われる場合の効用 $U(I_{D'})$ と同じになる。

$$EU(I_{C'}) = U(I_{D'})$$

(3) 両ケースの比較

　ここで先ほどのケースと自己資本が増大したケースを比較しよう。

　自己資本が脆弱のままであれば、**図表 3-6**(1)で示されたように契約者が得る期待効用は $EU(I_C)=U(I_D)$ となる。それに対して、自己資本が増大したケースでは**図表 3-6**(2)のように期待効用が $EU(I_{C'})=U(I_{D'})$ になる。

　両者を比較するとわかるように、自己資本が増大したケースのほうが契約者の効用が高くなっている。

$$EU(I_{C'}) = U(I_{D'}) > EU(I_C) = U(I_D)$$

　したがって、このことから生保危機に直面する状況のもとでは、自己資金の増大は契約者にとって好ましい影響を与えると言える。

　生保破綻が最初に起きてからの生保業界ならびに監督機関の動きを見る限りでは、信頼とは程遠い状態にあった。しかし、生保の自己資本が充実していれば、破綻に陥る可能性は低い。

　生保危機に直面した状況のもとでは生保業界や監督機関の発言はあまり効果がない。それよりも自己資本を高めていくほうが、はるかに経営を安定化

させる。

　生保はそのことを実現するため、剰余金の多くを配当として分配していた過去の姿勢を改め、内部留保に重点を置いた動きに転じているものと思われる。

第5節　生保不信の影響

　確かに人々は財務内容によって生保の健全性を推し量ることができる。これによって安全な生保か、それとも危険な生保かがすぐに判別できる。そのため、生保は配当を引き下げ、内部留保に資金を振り向けている。

　しかし、戦後初の生保破綻が起きてから今日に至るまでの生保や監督機関がとった行動や発言を振り返ってみると、人々を裏切るような行為が続いた。そのことは生保不信を増幅させ、人々が抱く生保破綻の可能性を財務内容に基づく予想よりも一層深刻なものにしたように思える。

　このことを先ほどのモデルで表現すれば、人々が抱く生保破綻の主観的確率 P を高めたことになる。その結果、実質的保険金がさらに引き下げられ、それは保有契約高の減少を通して生保経営をさらに弱体化させ、生保不信を増幅させていった。

　このような生保不信と保有契約高の減少による負のスパイラルが生保破綻を連続的に生み出していったように思える。そこで、生保不信を引き起こした具体的事例として2つほど取り上げてみよう。

　ひとつは信頼を失ったソルベンシー・マージン比率の発表である。この比率は安全な生保と危険な生保を識別するための有益な指標であると考えられてきた。なぜなら、数値が200％以上であれば、その生保は安全であるとすぐに判断できるからである。

　ところが、判断基準の200％を超えていた生保が破綻してしまった。しかも、複数の生保が連続的に破綻してしまった。これでは内部留保の蓄積に励んで

も人々の生保に対する信頼は失われてしまう。

　2つ目は保険行政への不信感である。本来、監督機関は契約者を保護する立場から危ない生保に対して適格な措置を迅速に講じなければならない。

　だが、実際は違っていた。監督機関である旧大蔵省は破綻した7生保のうち、5生保が破綻の数年前から債務超過状態であったことを事前に知っていた。それにもかかわらず、放置していたのである。このことは朝日新聞による情報公開請求からあとに明らかにされた。(『朝日新聞』2004年8月26日参考)

　このような事例を取り上げるたびに生保不信が高まり、人々の生保に対する主観的な破綻確率も高まってしまう。内部留保をはじめとする自己資本の充実策は基本的な経営姿勢として好ましいことであるが、それと同時に健全性指標の改善や保険行政への信頼も生保が安定的に発展するうえで必要不可欠な条件であることがわかる。

第4章

生保の組織構造と危険負担

第1節　組織構造に関わる2つの仮説

　最近の保険会社をテーマにした研究として、組織構造と危険負担に注目した論文が見られる。その場合、組織構造として相互会社と株式会社といった企業形態のほかに、わが国の金融機関の特徴でもある系列と非系列の相違も含まれている。

　例えば、相互会社と株式会社に注目した論文として Lamm-Tennant and Starks (1993) があり、アメリカの保険産業の危険負担行動を調査し、相互会社組織のほうが株式会社組織よりも危険負担が小さいことを見出している。

　また、Lai, Limpaphayom and Jeng (2007) は日本の損保会社を対象にしながら同様の内容の結論に至っている。一方、Hoshi, Kashyap, and Scharfstein (1991) はわが国の系列に注目し、一般企業の危険負担行動が系列あるいは非系列といった組織構造にどのような影響を受けるかについて分析している。

　そうしたなかで Yanase, Asai and Lai (2008) はわが国生保を対象に、相互会社と株式会社だけでなく系列と非系列の相違にも触れながら、組織構造と危険負担の関係を総合的に分析している。

　その内容は生保の危険負担行動が組織構造に影響を受けるというものであ

り、次のような2つの仮説を見出している。

【仮説1】
　相互会社・生保は株式会社・生保よりも危険な行動をとらない。
【仮説2】
　系列・生保は非系列・生保よりも危険な行動をとらない。

　このうち仮説1はすでに他の論文でも主張されているが、仮説2はわが国生保を対象にしている点でオリジナルな主張でもある。だが、彼らの貢献はこの2つの仮説が実際に成立しているかどうかを検証している点に意義がある。

　組織構造と危険負担の関係を明らかにすることは、これからのわが国生保の経営行動をとらえるうえで極めて重要な研究領域と思われる。そこで、これから2つの仮説が本当に成立するかどうかを彼らの実証方法に絞りながら丁寧に調べていきたい。

第2節　Yanase, Asai and Lai の実証結果

(1) 計測方法

　Yanase, Asai and Lai（2008）は組織構造に関わる仮説を実証するにあたって、2つの方法を採用している。ひとつは素朴な記述統計による実証であり、もうひとつは回帰分析による実証である。

　もちろん、記述統計によるアプローチはあくまでも実証内容を大雑把に把握するための手段であり、彼らにとって回帰分析によるアプローチのほうが自分たちの仮説を立証するうえで本来の方法と考えている。それゆえ、こちらのほうに大きなウエイトを置いている。

　そうした実証分析を進めるうえで、彼らが対象とした生保はいわゆる当時

の業界用語でいう漢字生保20社である。また、分析期間は1976年から95年の19年間である。そのほかにもこの期間を1976年から89年までの期間と、1990年から95年までの期間に分けながら同様の分析を展開しているが、ここでは全期間を対象とした結果だけを紹介することにしよう。

まず、記述統計による実証分析では各生保のROEをパネルデータとして取り上げ、それを相互会社と株式会社に分けながら、期待値と標準偏差を求めている。さらに系列と非系列に分けながら、同様に期待値と標準偏差を求めている。

(2) 記述統計による計測結果

その結果を示すと、**図表4-1**のようになる。ただし、ここでは相互会社と株式会社の区分を組織構造Ⅰ、系列と非系列の区分を組織構造Ⅱと呼んでいる。

この表の組織構造Ⅰから相互会社・生保は株式会社・生保よりもROEの期待値が小さく、しかも標準偏差も小さいことから、ローリスク・ローリターンな経営行動をとっていることがわかる。

同様にして組織構造Ⅱから系列・生保は非系列・生保よりもROEの期待値が小さく、標準偏差も小さいことから、ローリスク・ローリターンな経営行動をとっていることが確認できる。これにより先ほどの仮説1と仮説2が

図表4-1 生保のROEの期待値と標準偏差

	期待値 (μ)	標準偏差 (σ)
(1) 組織構造Ⅰ		
相互会社 ($N=304$)	0.004	0.008
株式会社 ($N=76$)	0.024	0.046
(2) 組織構造Ⅱ		
系列　　 ($N=133$)	0.003	0.006
非系列　($N=247$)	0.011	0.028

(注) N=データ数。

実証されたと言える。

(3) 回帰分析による計測結果

次に回帰分析による彼らの実証結果を示すと、次のようになる。

$$ROE_\sigma = 0.0024 \text{ ASSET} - 0.0006 \text{ GROWTH} - 0.00057 \text{ HHL\_PI}$$
$$(2.511)^{**} \quad (-0.882) \quad (-0.076)$$

$$-0.0217 \text{ MUTUAL} - 0.0048 \text{ KEIRETSU}$$
$$(-7.040)^{***} \quad (-1.760)^{*}$$

$$N = 380 \quad R^2 = 0.138$$

(記号)
　ROE_σ = ROE の標準偏差　ASSET = 資産額　GROWTH = 保険料の成長率　HHL_PI = 商品ポートフォリオの Herfindahl-Hirschman Index　MUTUAL = 相互会社が1、株式会社が0のダミー変数　KEIRETSU = 系列が1、非系列が0のダミー変数　N = データ数　R^2 = 決定係数　( ) 内は t 値で、***は1％有意、**は5％有意、*は10％有意を意味する。

彼らの分析では ROE の標準偏差のほかに、ロス・レイショの標準偏差、貯蓄型生保商品の割合、負債の総資産に占める割合、国債以外の投資対象が総投資に占める割合も被説明変数として採用し、同じ説明変数のもとで回帰分析を試みている。そこから得られた諸結果はほぼ同じなので、ROE の標準偏差だけを取り上げて紹介している。

この回帰分析で注目しなければならないのは MUTUAL と KEIRETSU という2種類のダミー変数である。MUTUAL は相互会社が1、株式会社が0のダミー変数であるため、仮説1があてはまるならば、係数の符号がマイナスとなる。

なぜなら、相互会社・生保が株式会社・生保よりも危険な行動をとらなければ、この計測のもとでは相互会社が1、株式会社が0と置いているので、相互会社・生保が ROE の標準偏差に及ぼす影響はマイナスになると予想さ

れるからである。

　また、KEIRETSU は系列・生保が 1、非系列・生保が 0 のダミー変数であるため、仮説 2 があてはまれば、係数の符号がマイナスとなる。

　なぜなら、系列・生保が非系列・生保よりも危険な行動をとらなければ、この計測のもとでは系列・生保が 1、非系列・生保が 0 と置かれているので、系列・生保が ROE の標準偏差に及ぼす影響はマイナスになると予想されるからである。

　実際、計測結果を見ると、MUTUAL も KEIRETSU もともに係数がマイナスで、しかも t 値が有意である。すなわち、相互会社・生保であれば ROE の標準偏差が低くなり、また系列・生保であれば ROE の標準偏差が低くなる傾向が読み取れる。

　これにより記述統計の結果と同様に、組織構造と危険負担に関わる仮説 1 と仮説 2 の内容が確認できたと主張している。

第 3 節　組織構造に代わる別の解釈

（1）規模の格差

　Yanase, Asai and Lai（2008）では 2 つの仮説を 2 種類の方法を用いて統計的に実証している。確かに記述統計の手法でも、また複雑な回帰分析の手法でも、2 つの仮説を支持する結果が得られている。

　だが、それは彼らが主張するような「組織構造」が反映された結果ではなく、生保の「規模の格差」が影響しているに過ぎないのではないだろうか。そのことをこれから明らかにしたい。

　まず、分析対象になった漢字生保 20 社について詳しく見ていくことにしよう。この 20 社は総資産規模の格差から、当時、大手生保 7 社、中堅生保 10 社、中小生保 3 社として分類されていた。

　これら 20 社を相互会社か株式会社か、また系列か非系列かといった組織

構造も記しながら資産規模順に並べると、次のようになる。なお、各生保会社の番号は総資産規模ランキングを示している。

【大手生保・7社】
　①日本生命（相互会社・非系列）　②第一生命（相互会社・系列）
　③住友生命（相互会社・系列）　　④明治生命（相互会社・系列）
　⑤朝日生命（相互会社・系列）　　⑥三井生命（相互会社・系列）
　⑦安田生命（相互会社・系列）

【中堅生保・10社】
　⑧太陽生命（相互会社・非系列）　⑨千代田生命（相互会社・非系列）
　⑩東邦生命（相互会社・非系列）　⑪協栄生命（株式会社・非系列）
　⑫第百生命（相互会社・非系列）　⑬富国生命（相互会社・系列）
　⑭大同生命（相互会社・非系列）　⑮日本団体生命（株式会社・非系列）
　⑯東京生命（相互会社・非系列）　⑰日産生命（相互会社・非系列）

【中小生保・3社】
　⑱平和生命（株式会社・非系列）　⑲大和生命（相互会社・非系列）
　⑳大正生命（株式会社・非系列）

　次に生保20社は総資産規模の格差が激しいことを図で示すことにしよう。

　図表4-2は1983年度における生保20社の総資産額を大きい順に並べたものである。これを見ると、第1位の日本生命と最下位の大正生命ではかなりの差がある。具体的に数値で見ると、日本生命の総資産は9兆3,045億円であり、大正生命は799億円である。その比率は約116対1の割合である。

　次に**図表4-3**は12年後の1995年度における生保20社の総資産を先ほどの順番で描いたものである。第1位の日本生命と最下位の大正生命では格差がさらに広がっている。その数値を見ると、日本生命の総資産は39兆296億円であり、大正生命は2,382億円である。比率は約164対1であり、格差

図表 4-2　生保 20 社の総資産（1983 年度）

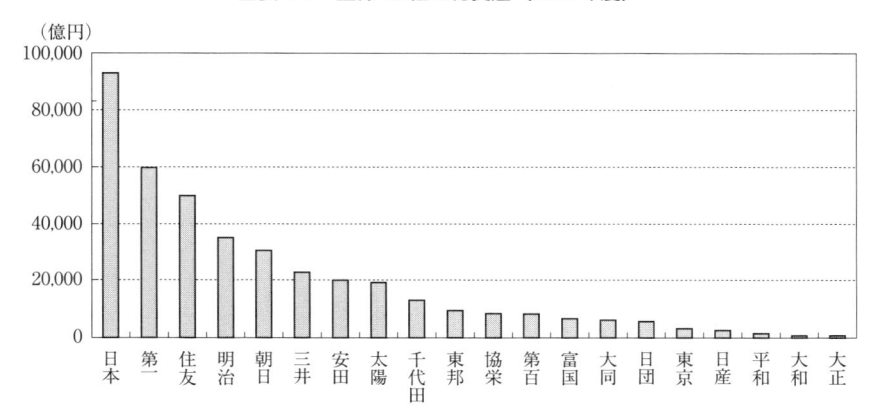

（億円）
縦軸：0～100,000

日本／第一／住友／明治／朝日／三井／安田／太陽／千代田／東邦／協栄／第百／富国／大同／日団／東京／日産／平和／大和／大正

図表 4-3　生保 20 社の総資産（1995 年度）

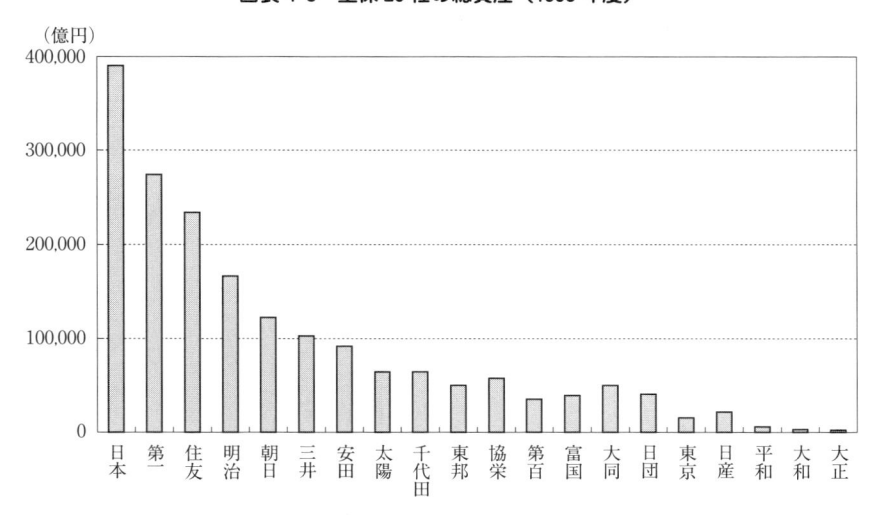

（億円）
縦軸：0～400,000

日本／第一／住友／明治／朝日／三井／安田／太陽／千代田／東邦／協栄／第百／富国／大同／日団／東京／日産／平和／大和／大正

の広がりが確認できる。

　このことに留意しながら、今度は生保 20 社を縦軸に組織構造 I として相互会社と株式会社、横軸に組織構造 II として系列と非系列に分けながら整理

第 4 章　生保の組織構造と危険負担　77

図表 4-4　生保 20 社の組織構造

		組織構造 Ⅰ		
		相互会社	株式会社	
組織構造 Ⅱ	系列	②第一 ③住友 ④明治 ⑤朝日 ⑥三井 ⑦安田 ⑬富国		7 社
	非系列	①日本 ⑧太陽 ⑨千代田 ⑩東邦 ⑫第百 ⑭大同 ⑯東京 ⑰日産 ⑲大和	⑪協栄 ⑮日本団体 ⑱平和 ⑳大正	13 社
		16 社	4 社	20 社

（注）番号は全生保を対象にした総資産規模ランキングを表している。

してみよう。**図表 4-4** はそうした 2 種類の組織構造と生保の関係を描いたものである。

　相互会社と株式会社の分類から見ていくと、相互会社・生保のほうが株式会社・生保よりも圧倒的に規模が大きいことが総資産規模の順位から認識できる。また、系列と非系列の分類に目を移すと、系列・生保のほうが非系列・生保よりも圧倒的に規模が大きいことがわかる。

　図表 4-5 は実際にそのことを数値で確認するため、それぞれの分類ごとに生保の 1 社当たり平均総資産額を求めたものである。

　それによると、【相互会社・生保】対【株式会社・生保】の 1 社当たり平均総資産額は 1983 年度が 2 兆 3,783 億円対 4,116 億円であり、1995 年度は 10 兆 7,858 億円対 2 兆 6,658 億円である。圧倒的に相互会社・生保のほうが

図表4-5 生保20社の組織構造と規模の格差
―1社当たり平均総資産額の比較―

平均総資産額	組織構造Ⅰ		
	(1)相互会社 16社	(2)株式会社 4社	(3)比率
1983年度	2兆3,783億円	4,116億円	5.78
1995年度	10兆7,858億円	2兆6,658億円	4.05

平均総資産額	組織構造Ⅱ		
	(1)系列 6社	(2)非系列 14社	(3)比率
1983年度	3兆2,106億円	1兆3,250億円	2.42
1995年度	14兆7,255億円	6兆1,659億円	2.39

(注) 比率は (1)÷(2) の値。

株式会社・生保を総資産規模で凌駕している。

同様に【系列・生保】対【非系列・生保】の1社当たり平均総資産額を比較すると、1983年度が3兆2,106億円対1兆3,250億円であり、1995年度は14兆7,255億円対6兆1,659億円である。これにより系列・生保のほうが非系列・生保よりも総資産規模がかなり大きいことが確認できる。

以上のことから生保20社の特徴を組織構造に照らし合わせながら整理すると、次のような内容になる。

【特徴1】
　相互会社・生保は株式会社・生保に比べて規模がはるかに大きい。
【特徴2】
　系列・生保は非系列・生保に比べて規模がはるかに大きい。

(2) 2つの代替的解釈

ここで先ほどの仮説1、2と、いま求めた特徴1、2を重ね合わせてみよう。

仮説1、2にしたがうと、相互会社・生保と系列・生保は株式会社・生保や非系列・生保よりも危険な行動をとらないことになる。一方、特徴1、2にしたがうと、相互会社・生保も系列・生保も株式会社・生保や非系列・生保よりも総資産規模が大きい。

　そうすると、仮説1、2と特徴1、2から総資産規模が大きい生保ほど危険な行動をとらないという新たな解釈に置き直すことができる。すなわち、相互会社か株式会社か、あるいは系列か非系列か、といった組織形態の相違ではなく、単純に総資産規模の格差によって危険負担の行動が決定づけられると説明できる。

　これは当然の帰結と思われる。なぜなら、規模が大きくなるにつれてどのような変数も動きが小さくなる傾向にあるからだ。もちろん、ROEの標準偏差も同じ性格を持っているだろう。

　そうであるならば、規模が大きい生保ほどROEの標準偏差などリスク指標の変化は小さくなり、反対に規模が小さい生保ほど、その変化は大きくなる。

　一般に相互会社・生保や系列・生保は規模が大きく、株式会社・生保や非系列・生保は規模が小さい。したがって、Yanase, Asai and Lai（2008）の実証結果はそうした規模の相違が単純にROEの標準偏差をはじめとするリスク指標の変化に反映されたに過ぎないと解釈できる。

　あるいは、別の解釈も可能かもしれない。それは1980年代後半のバブル期において、中堅・中小生保が総資産順位を上げるために積極的行動をとったことに注目するアプローチである。当時、中堅・中小生保は高い予定利率の貯蓄型生保商品を猛烈な勢いで販売し、その高いハードルを上回るようにハイリスク・ハイリターンの運用をとり続けていた。

　それは保険料を安くすることで魅力を高め、他の生保を追い抜き、生保業界における地位を高めることが目的であった。実際、そうした中堅・中小生保のランクアップに向けた経営行動は先ほどの図表4-2と図表4-3を比較す

図表 4-6　中堅生保 10 社の総資産規模ランキングの推移

年度 生保会社	1983	1984	1985	1986	1987	1988	1989	1990	1991	1992	1993	1994	1995
太陽生命	8	8	8	8	8	8	9 ↓	9	9	9	9	9	8 ↑
千代田生命	9	9	9	9	9	9	8 ↑	8	8	8	8	8	9 ↓
東邦生命	10	10	10	10	10	10	10	10	10	10	10	11 ↓	12 ↓
協栄生命	11	11	11	11	11	11	11	11	11	11	11	10 ↑	10
第百生命	12	12	12	12	12	12	14 ↓	14	14	14	15 ↓	15	15
富国生命	13	13	13	13	14 ↓	14	14	15 ↓	15	15	14 ↑	14	14
大同生命	14	14	14	13 ↑	13	13	13	13	12 ↑	12	12	12	11 ↑
日本団体生命	15	15	15	15	15	15	12 ↑	12	13 ↓	13	13	13	13
東京生命	16	16	16	16	17 ↓	17	17	17	17	17	17	17	17
日産生命	17	17	17	17	16 ↑	16	16	16	16	16	16	16	16

（注）全生保を対象にした総資産規模ランキングを示す。網掛けは順位が上昇（↑）あるいは下落（↓）したことを示している。

ることからもわかる。1983 年度から 95 年度にかけて総資産規模の順位が中堅生保で変動しているからである。

図表 4-6 ではそうした生保の動きを具体的に見るため、中堅生保 10 社を対象にしながら総資産規模ランキングの推移を同じ期間にわたって示している。バブルが始まる 1980 年代後半にかけて順位の移動が激しくなっている様子がうかがえる。この表を見ることからも当時の状況が理解できるであろう。

それに対して大手生保は中堅・中小生保と対照的に危険を回避するような行動をとった。高い予定利率の生保商品を積極的に販売することで総資産規模を一気に膨らませれば、逆ざやリスクが高まることを認識していたからである。そのため、総資産規模の成長は中堅・中小生保よりも小さかった。

そうした当時の経営行動の違いが規模の大きな生保（相互会社・系列）が規模の小さな生保（株式会社・非系列）よりも危険な行動をとらないという結果を生み出したとも解釈できる。

このことを裏づけるかのようにバブル崩壊後、中堅生保 6 社、中小生保 2

社の合計8社が破綻している。こうした生保破綻は中堅・中小生保の危険な経営行動による悲劇的な結果を物語っているように思える。

　以上のことから、危険負担に関わる生保の経営行動は組織構造よりも、むしろ規模の格差によって決定づけられていると言えるのではないだろうか。

第4節　大和生命の経営破綻を振り返って

　Yanase, Asai and Lai（2008）はわが国生保を対象にしながら危険負担を伴う経営行動に関心を持ち、それは組織構造の影響を受けていると考えている。

　組織構造とは相互会社と株式会社といった経営形態の相違だけでなく、戦後の日本経済で形成された系列にも注目し、その生保が系列に属しているか、それとも非系列であるかによっても危険負担の程度が異なると解釈している。

　それに対して、本章ではそうした解釈を否定し、彼らが導いた結論は組織構造が影響しているのではなく、単にわが国生保の特徴である規模の格差が反映しているに過ぎないと考えている。

　だが、彼らの指摘が全面的に否定されたわけではない。2008年10月10日に破綻した大和生命の事例は、彼らの分析がそのままあてはまるかもしれない。

　非系列で相互会社の大和生命は2000年8月に破綻した大正生命を買い取り、02年4月には相互会社から株式会社に変更し、資産規模を膨らませただけでなく、組織構造も変えていった。

　そうしたなかで2005年に経営トップが変わり、運用姿勢にも大きな変化が見られた。ハイリスク・ハイリターンの積極的運用である。為替リスクを伴う外国証券を年々高めただけでなく、デリバティブや仕組債といったリスクの高い金融商品にも手を広げていった。

　ところが、2007年秋に顕在化した米国のサブプライムローン問題をきっかけに大和生命の資産は大幅に劣化し、最終的には負債総額2,695億円、債

務超過額114億9,000万円を抱え、戦後8社目の経営破綻となった。

　こうした大和生命のケースを眺めると、株式会社で非系列の生保は危険な経営行動をとる傾向にあるという指摘はそのままあてはまるように見える。

　Yanase, Asai and Lai は生保危機を迎える前の期間を対象にしながら組織構造と危険負担の関係を追求したが、この期間とは別に戦後初の生保破綻が起きた1997年4月以降を対象にしながら同様の分析を行ったならば、新たな発見が見出されたかもしれない。

　わが国生保は経営破綻を繰り返しながら生保業界の再編が進み、過去のような漢字生保・中堅生保・中小生保といった括りもなくなり、経営者達の意識も大きく変わったと思われる。

　そうした生保を取り巻く環境の変化を踏まえて、再度、分析を試みるならば、その時、生保の組織構造と危険負担の関係がとらえられるかもしれない。

第3部

リスク管理の生保金融

第5章

生保の株式投資と
ソルベンシー・マージン比率

第1節　SM比率の短期的見直し

(1) 価格変動リスクの変更

　生保の財務力に人々の関心が集まったのは1997年4月に起きた日産生命の破綻からであろう。それ以前は破綻と無縁であったため、わざわざ生保の健全性に注目する人は少なかったと思われる。だが、生保も一般企業と同様に経営内容が悪化すれば破綻する。そのことを知った契約者は生保の財務力に関心を示すようになった。

　そうした契約者の要求に応えるかのように導入されたのがソルベンシー・マージン（SM＝支払余力）比率であった。専門家だけでなく一般の人にとってもSM比率は極めて利用し易い指標である。なぜなら、細かなことを知らなくても、この数値が200％以上あれば安心できる生保とすぐに判断できるからである。

　だが、有効な指標と思われていたSM比率が安全基準の200％を超えていたにもかかわらず、生保が連続破綻するなど、この比率に対する信頼が揺らいでしまった。これではSM比率そのものの存在意義を失ってしまう。そのため、金融庁はSM比率の信頼性を高めようとさまざまな改善策を打ち出している。

なかでも2007年4月3日に金融庁から発表された「報告書」(「ソルベンシー・マージン比率の算出基準等について」)は、かなりの修正を目指したものであった。そこでは検討チームによる議論から保険会社のSM比率の計算方法を大幅に見直す内容が盛り込まれている。

　報告書では広範囲にわたって修正すべき点が羅列されているが、大雑把に分けて2つの視点からSM比率の見直しが指摘されている。ひとつは短期的見直しとしての「リスク係数の引き上げ」であり、もうひとつは中期的見直しとしての「経済価値ベースによる評価」である。

　このうち資産価値と負債価値の差である純資産に注目する経済価値ベースへの移行は国際的な動向を観察しながら、ある程度の時間をかけて検討しなければならない。そのため、当面は短期的見直しであるリスク係数の引き上げのほうに注目が集まっていった。

　実際、翌年の2008年2月7日には「ソルベンシー・マージン比率の見直しの骨子（案）」(以後、「骨子」)が金融庁から発表され、広範囲にわたるSM比率の短期的見直し案が具体的に示された。

　そのなかのひとつに国内株式等のリスク資産を対象にした項目が取り上げられ、資産価格の変動による元本割れリスクである価格変動リスクの計算方法の変更がまとめられている。

　図表5-1は価格変動リスクの変更内容を説明するために描かれたものである。従来の計算方法では90％の事象をカバーする最低収益率と収益率ゼロ（元本）との差をリスク係数としていた。それを95％の事象をカバーする最低収益率と収益率ゼロ（元本）との差に変更している。これにより図からわかるように価格変動リスクが大幅に見積もられることになる。

　当初は発表した見直し案がそのまま実践される予定であった。ところが、2008年10月10日に起きた大和生命の破綻で、その案を部分的に修正することになった。なぜなら、大和生命の破綻直前のSM比率は200％をはるかに上回る555％であったからである。

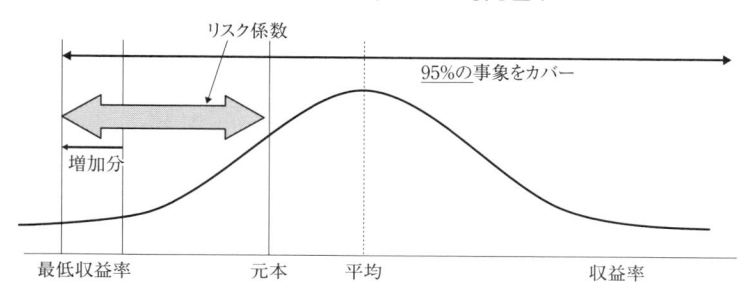

図表 5-1 価格変動リスクの引き上げ

最低収益率と収益率0％（対前年度）との差をリスク係数と定義する。
SM比率の見直しでは最低収益率の信頼水準を90％から95％に引き上げている。
そのため、リスク係数は上昇する。
（注）『ソルベンシー・マージン比率の見直しの骨子（案）』（金融庁）より。

　健全性を保証するかのような高いSM比率の数値が出されていたにもかかわらず破綻したのは、大和生命が株式や外国証券などリスク資産をかなり多く保有していたからである。そのため、リーマン・ショックの影響をもろに受け、人々の期待を完全に裏切ってしまった。

　金融庁は大和生命の破綻を教訓にしながら、2009年8月28日に「ソルベンシー・マージン比率の見直しの改定骨子（案）」（以後、「改定骨子」）を発表している。そこではSM比率の計算方法をさらに厳格なものに修正している。

　例えば、株式投資に関連する項目として有価証券の含み損が中核的支払余力を引き下げ、そのことが新たな制約となってSM比率を引き下げる仕組みが導入されている。ただし、価格変動リスクの見積もりについてはそれ以前と変わらず、最低収益率の信頼水準は90％から95％に引き上げたままである。

　こうしてSM比率の短期的見直しが2度にわたって連続的に発表された。そして、2011年3月期末の決算から参考指標として算出し、翌年の12年3月期末の決算からは早期是正措置の指標として適用されることも明らかにされた。これにより200％を下回る生保が現れれば、金融庁に経営改善計画を提出しなければならないことになった。

(2) 生保の株式保有の変化

　そうならないためにも生保は期限までに確実にSM比率対策をとる必要がある。そこで、にわかに注目を集めているのが国内株式の保有による価格変動リスクの扱いである。

　わが国の主要生保は純投資といった機関投資家が果たさなければならない本来の目的のほかに、関連企業とのつながりを深める手段としても株式を大量に保有している。いわゆる、政策投資としての株式保有である。

　だが、大量の株式を保有したままならば、新しい計算方法からSM比率が下がってしまう。基準値の200％を下回る最悪の事態は絶対に回避しなければならないが、たとえ基準値を十分に上回っていたとしてもSM比率が下がれば、契約者をはじめとするさまざまな関係者に不安を抱かせる恐れがある。

　それを取り除くには保有株を売却し、価格変動リスクを引き下げる必要がある。『日本経済新聞』ではそのことを裏づけるかのように、生保の株式保有の変化について次のような記事を載せている。

　「2012年3月期から資本規制が強化されるのを前に、生命保険各社が運用資産の内容を見直している。価格変動リスクが高い国内株式の圧縮が柱で、大手9社は4〜9月に合計約3,200億円分を売却した。国内株式の残高は規制強化の具体的な議論が始まる直前の05年度末に比べてほぼ半減した。」（「生保運用　国内株離れ」『日本経済新聞』2010年12月18日）

　この記事によると、SM比率の計算方法の見直しが議論された頃から主要生保9社は国内株式を売却し、SM比率対策に動いていると報じている。

　しかも主要生保9社を対象にした資産構成の変化についても**図表5-2**のように具体的な数値を示している。

　これを見ると、有価証券の割合が増えているが、それは公社債の保有が増えたからであり、国内株は減っている。そのことを数値から確認すると、国内株の有価証券に占める割合は主要生保9社全体で2005年度末の25.7％からほぼ半減化し、10年9月末には13.2％になっている。

図表 5-2　主要生保全体の資産構成

	2005 年度末	2010 年 9 月末
貸付金・不動産等	32.1%	28.2%
有価証券	67.9%	71.8%
うち　公社債	50.0%	59.1%
国内株	25.7%	13.2%
その他	24.3%	27.7%

(注1) 貸付金・不動産等、有価証券は総資産に対する割合（％）、公社債、国内株、その他は有価証券に対する割合（％）を示す。
(注2) 『日本経済新聞』2010 年 12 月 18 日参照。

　さらにわかりやすく表現するため総資産に対する割合に置き直すと、国内株は 2005 年度末の 17.45％（＝67.9％×25.7％）から 10 年 9 月末の 9.48％（＝71.8％×13.2％）に低下している。このことから SM 比率対策として株式を売却していると判断している。

　ここで注意しなければならないのは新聞紙上で取り上げた保有株のデータは決算時に発表された数値であり、それは時価で評価されたものである。もし、生保が SM 比率対策として株式の売却に走っていると主張するならば、時価ではなく、簿価から判断しなければならないであろう。

　なぜなら、時価ならば生保が株式を売却しなくても、株価そのものが下落すれば保有株の金額も下がるからである。これでは必ずしも株式を売却したとは言えず、まして SM 比率対策を実施しているとは主張できない。やはり、簿価に注目しない限り、生保の株式投資行動は正確に判断できないと思われる。

　したがって、本章では実際に決算のデータから保有株の簿価を推定し、その動きを正確に追っていきたい。これにより SM 比率の見直しの議論とともにマスコミ等で報道されている株式の売却が、実際に実行されているかどうかが確認できるであろう。

　確かに生保というミクロの視点から見れば、保有株の売却は SM 比率対策

上、合理的な行動のように見えるかもしれない。株式をそのまま抱えていれば、計算方法の変更から価格変動リスクが高まり、SM 比率が大幅に下落するからである。

　だが、日本経済というマクロの視点から見れば、保有株の売却はプロシクリカリティ（循環の増幅効果）の問題を引き起こす懸念がある。なぜなら、生保が株式の売却に走れば株式相場の需給悪化から保有株だけなく、他の株価にも波及し、日経平均株価そのものが下落するからである。

　そのことはさまざまな経済主体に対して連鎖的に悪影響をもたらす。とりわけ、銀行をはじめとする金融機関の財務内容は一気に悪化し、積極的な投融資は影を潜め、景気を落ち込ませる恐れがある。

　もちろん、生保の財務内容も悪化し、SM 比率が逆に低下するため、再び保有株の売却に向かう。このことが日経平均株価をさらに押し下げ、悪循環の繰り返しに向かわせる。

　それゆえ、生保が株式の売却に走っているかどうかは単に生保業界というミクロの問題だけでなく、日本経済というマクロの問題にとっても重大な関心事になっている。

第 2 節　SM 比率の計算方法とプロシクリカリティ問題

（1）SM 比率の計算方法

　まず、金融庁（2008 年）の説明資料「ソルベンシー・マージン比率とは？」にしたがいながら、SM 比率の計算方法について簡単に説明しよう。

　保険会社は保険料を徴収し、保険事故が発生した場合に保険金を支払わなければならない。そのため「通常予測できる範囲のリスク」に対して、責任準備金（負債）を積み立てている。だが、それだけでは不十分である。

　「通常の予測を超えるリスク」に対しても保険金を支払えるだけの準備をしなければならない。自己資本や準備金等はそのための役割を果たしている。

SM比率はまさに通常の予測を超えるリスクに対して、マージン（支払余力）がどの程度あるかを具体的に数値で示した保険会社特有の健全性指標である。計算式は単純で、分母にリスク総額の1/2を置き、分子にマージン総額をとったものである。

そのことを式で示すと、次のようになる。

$$ソルベンシー・マージン比率（\%）=\frac{マージン総額}{1/2×リスク総額}×100$$

リスクは保険リスク、予定利率リスク、最低保証リスク、資産運用リスク、経営管理リスクに分けられ、分母には5種類のリスクの総額が示されている。このなかで最も大きな割合を占めるのが資産運用リスクであり、このリスクはさらに細分化され、価格変動リスク、信用リスク等に分かれている。

例えば、2007年3月期の全生保を対象にしたリスク項目を見ると、資産運用リスクはリスク総額の76.66％であり、圧倒的な割合を占めている。しかも価格変動リスクは資産運用リスクのうち67.65％を占めている。すなわち、価格変動リスクはリスク総額の51.86％（＝76.66％×67.65％）も占めている。

SM比率の見直しが発表されたことで人々の注目が保有株の価格変動リスクに集まっているが、この種のリスクがリスク総額のなかで大きな割合を占めていることからも生保にとって無視できない要因であることがわかる。

一方、分子のマージン総額もいくつもの項目から成り立っている。それらの項目を貸借対照表から取り上げると、次のようになる。

それは負債の部に属する①責任準備金の解約返戻金相当額超過部分、②配当準備金中の未割当額、③価格変動準備金、④危険準備金、⑤負債性資本調達手段等、⑥一般貸倒引当金であり、さらに⑦純資産の部に属する資本金・基金等、⑧その他有価証券の評価差額、そして⑨オフバランスに属する土地含み損益、⑩税効果相当額、⑪将来利益、が加わる。

このうち有価証券の評価差額は含み益の90％、含み損の100％が反映され、マージン総額のなかで大きなウエイトを占めている。実際、2007年3月期の全生保を対象にしたデータから有価証券の評価差額がマージン総額に占める割合を求めると、45％という高い数値が出てくる。
　したがって、マージン総額は有価証券の時価によって大きな変動を受ける傾向にあることが確認できる。

(2) 保有株の効果

　生保にとって株式は代表的な有価証券なので、保有株の含み損益が悪化すれば、マージン総額が下がり、SM比率も下がっていく。こうして見ていくと、株式の保有は2つの側面からSM比率を動かすことがわかる。
　すなわち、このことをSM比率の計算式にしたがって表現すると、ひとつは価格変動リスクを通した分母の要因であり、もうひとつは含み損益の変動による分子の要因である。
　したがって、生保が株式の保有割合を高め、同時に株価が下落すれば、分母が増大し、分子が減少するので、SM比率は大幅に下がることになる。そうならないためにも保有株の売却は生保のSM比率対策として絶えず関心が払われている。
　金融庁が発表した2008年の「骨子」では価格変動リスクの引き上げが盛り込まれ、そのことが生保の株式保有行動に影響を及ぼすであろうとマスコミ等で指摘された。確かに株式をはじめとする有価証券の価格変動リスクの引き上げはSM比率を引き下げる要因になる。
　その一方で、2009年の「改定骨子」では責任準備金の解約返戻金相当額超過部分については負債性資本調達手段とコア・マージンの合計額を限度とする新たな制約が打ち出されている。
　ここでいうコア・マージンとは純資産、価格変動準備金、危険準備金、配当準備金未割当部分、持込み資本金の合計額からその他有価証券評価差損と

繰延税金資産を控除した金額を指す。

　このことを式で示すと、次のようになる。

　　責任準備金の解約返戻金相当額超過部分
　　　　＜負債性資本調達手段＋コア・マージン
　　　＝負債性資本調達手段＋純資産＋価格変動準備金＋危険準備金
　　　　＋配当準備金未割当部分＋持込み資本金
　　　　－その他有価証券評価差損－繰延税金資産

　この制約のもとでは有価証券の含み損が拡大すると、責任準備金の解約返戻金相当額超過部分を引き下げる恐れが生じる。そのため、有価証券の含み損にはマージン部分を直接減少させると同時に、責任準備金の超過部分の制約を通して間接的に引き下げる要因も加わることになる。

　したがって、株式を大量に保有したままで株価が大幅に下落した場合、価格変動リスクの上昇、含み損の増大、そして責任準備金の超過部分の引き下げという3種類の要因から、SM比率が急激に下がってしまう。そうならないためにも生保は株式保有に対して慎重にならざるを得ない。

(3) 金融機関の行動

　生保というミクロの側面から見れば、確かに株式を保有したままでいればSM比率が下がるので株式の売却は納得のいく行動である。だが、その行動は日本経済というマクロの側面から見れば株価に対して下落圧力を加え、その結果、景気そのものを悪化させることにもつながる。

　もちろん、生保だけがこのようなプロシクリカリティ問題を引き起こすものではない。銀行を中心とする金融機関も同じような問題を抱えている。この場合はSM比率ではなく、監督機関による自己資本比率規制から同じような負の循環を生み出す恐れがしばしば指摘されている。

特に、2008年9月のリーマン・ショック後はそうした規制が強化される傾向にある。例えば、景気が悪化すると不良債権が発生し、自己資本比率が下がるので、銀行は貸出額を抑えることで、自己資本比率の低下を食い止めようとする。

ミクロの側面から見れば、合理的な行動である。だが、貸出額を抑えれば、景気はさらに悪化し、銀行が抱える貸出債権をさらに不良化させるという悪循環を繰り返すことにもなる。

このように生保や銀行に向けて健全性に関わる諸規制を強化するほど日本経済を悪化させる矛盾を孕んでいる。その一方で、対照的に正の循環を繰り返す側面も併せ持っている。

つまり、景気が拡大する局面では株価も上昇し、不良債権の発生も少なくなるので、生保のSM比率も銀行の自己資本比率も上昇傾向が強まる。そうすると、生保は株式投資に積極的になるうえ、銀行も貸出を増やそうとするので、景気はさらに拡大し、正の循環を繰り返すことになる。

このように生保や銀行等の健全性を維持するための諸規制はマクロの視点から見ると、景気の振幅を拡大させる側面を持っている。それは決して国民経済にとって好ましいことではなく、生保や銀行等の経営を不安定なものにする要因となっている。

したがって、監督機関による健全性規制は生保や銀行等にとっても、また国民経済にとっても単純に正しいとは言い切れない。本章の関心事である生保のSM比率を取り上げれば、リスク係数の引き上げは必ずしも株式を売却する行動に結びつくかどうか、曖昧なところがある。

そこで、次に主要生保を対象にしながら、SM比率の強化が具体的に進められていくなかで、価格変動リスクを抑える手段として実際に保有株を売却しているかどうかを見ていくことにしたい。

第3節　主要生保の保有株の動きとSM比率の関係

(1) 主要生保全体の株式投資行動

　生保が実際にSM比率対策として株式の売却に向かっているかどうかを見るため、株式の保有状況から観察しよう。そこで、年度末の決算で発表される総資産と株式時価から「株式保有割合(%)」を求め、その動きを追うアプローチを採用したい。

　それは年度末の株式保有額が総資産に対してどれだけの割合を占めているかをパーセンテージで示したものである。

　　株式保有割合(%)＝株式時価／総資産×100

　ただし、決算から得られた株式保有額は時価で表記されたものである。そうすると、たとえ株式保有割合が低下しているからといって生保が株式を自ら売却していることにはならないであろう。なぜなら、先ほども指摘したように株価そのものが下落すれば、株式を売却しなくても株式保有割合が下がるからである。

　やはり生保が本当に株式の売却に積極的に取り組んでいるか否かを見るには時価ではなく、簿価で表記した株式保有額を求めなければならない。簿価で表記した株式保有額が減っていれば、それは明らかにSM比率対策を実施している証拠と言えよう。

　そこで、「株式簿価」を求めるため、株式時価から国内株式の含み損益を差し引くことにしたい。これにより生保の真実の株式投資行動が判断できるであろう。

　　株式簿価＝株式時価－株式の含み損益

図表 5-3　主要生保全体の財務データ

	主要生保 9 社の合計				
	2005 年度	2006 年度	2007 年度	2008 年度	2009 年度
【①】財務データ (1)					
総資産	165,011,629	168,795,965	160,349,911	152,133,136	157,630,549
株式時価	29,839,573	31,179,444	23,057,779	15,182,637	18,153,136
株式時価の対前年度比	39.1	4.5	▲ 26.0	▲ 34.2	19.6
株式保有割合	18.1	18.5	14.4	10.0	11.5
【②】財務データ (2)					
株式含み損益	13,699,576	14,728,206	6,879,112	542,293	3,493,758
基金等	2,420,780	2,630,780	2,680,780	2,725,780	2,840,780
SM 比率	1,037.4	1,145.4	1,014.0	832.1	964.9
SM 比率の対前年度増分	194.9	108.0	▲ 131.4	▲ 181.9	132.8
【③】推定値					
株式簿価 (＝株式時価−株式含み損益)	16,139,997	16,451,238	16,178,667	14,640,344	14,659,378
株式簿価の対前年度比	5.1	1.9	▲ 1.7	▲ 9.5	0.1
【④】2009 年度の 2005 年度 に対する変化率					
株式時価の変化率					▲ 39.2
株式簿価の変化率					▲ 9.2
SM 比率の増分					▲ 72.5

(注 1)　単位：百万円、％、▲はマイナス。
(注 2)　SM 比率は 9 社の平均値である。

　図表 5-3 では主要生保 9 社の合計した数字に基づきながら、生保の健全性に関連する財務データが並べられている。ここで言う主要生保 9 社とは日本生命、第一生命、明治安田生命、住友生命、三井生命、朝日生命、太陽生命、大同生命、富国生命である。観察期間は金融庁から「報告書」が発表された年度の直前にあたる 2005 年度末から 2009 年度末までの 5 年間である。

　早速、株式保有割合の動きから注目しよう。その動きに多少の増減が見られるが、時間の経過とともにほぼ確実に数値が低下しているのがわかる。実

際、2005年度では18.1％であったのに対して、09年度では11.5％にまで低下している。（図表5-3 【①】財務データ（1） 参照）

　このことは本章のはじめにも触れたように、すでに日本経済新聞の記事でも報告されている。確かに決算で発表された数値を扱えば、こうした結果が得られるのは事実である。

　だが、保有株式の金額は時価で表記された数字である。生保自身が株式を一切売却しなくても、株価そのものが下落すれば保有株の金額が下がってしまう。これでは本当に生保がSM比率の見直しに対応しているかどうかを見分けたことにはならない。

　そこで、株式時価から株式含み損益を差し引くことから株式簿価を推定し、対前年度比を求めると、別の姿が浮かび上がってくる。なぜなら、5年間のうちたった2年間だけがマイナスであるからだ。

　しかも大幅なマイナスが生じた2008年度はリーマン・ショックの影響が大きいからであろう。それゆえ、SM比率対策から保有株を売却しているとは必ずしも言えないと思われる。（図表5-3 【②】財務データ（2） ならびに【③】推定値 参照）

　このように時価と簿価ではまったく違った姿が描かれる。そのことを再度、確認するため、時価と簿価による2009年度の保有株式を対象にしながら、05年度に対する変化率を求めてみることにしたい。1年間の変化率を並べてみるよりも4年間の変化率を見るほうがさらに特徴がとらえ易いであろう。

　実際に計算すると、株式時価の4年間にわたる変化率が▲39.2％に対して、株式簿価のそれは▲9.2％である。どちらもマイナスの数値である。だが、時価ならば株式をかなり売却しているように見えるが、簿価で置き直すと、それほど株式の売却に走っていないことが確認できる。（図表5-3 【④】2009年度の2005年度に対する変化率 参照）

(2) 個別生保の株式投資行動

いままで主要生保の全体像から分析を進めてきたが、今度は個別生保を通してSM比率の見直しの影響を探ってみたい。

まず、主要生保9社の時価による株式保有割合から注目しよう。**図表5-4**はSM比率の見直しが生保の株式保有割合にどのような影響を与えているかを観察するため、2005年度末と4年後の09年度末の数値を比較している。

この図から個別生保によって株式投資に対する姿勢の違いが感じられるが、全体を見渡す限りでは、主要生保9社すべてにおいて2009年度のほうが05年度よりも株式保有割合が低いことでは一致している。

これによりSM比率の見直しが検討されるにつれて主要生保は時価による株式保有割合を確実に下げているのが確認できる。このことはすでに主要生保全体を扱ったデータでも認識している。

それでは簿価の株式保有額はどのような動きをしているのであろうか。**図表5-5**は株式保有額を簿価と時価に分けながら、2009年度の05年度に対する変化率を個別生保ごとに比較したものである。

実線で示された「保有株の時価による変化率」を見ると、どの主要生保も株式保有額をかなり減らしていることがわかる。ところが、点線で示された

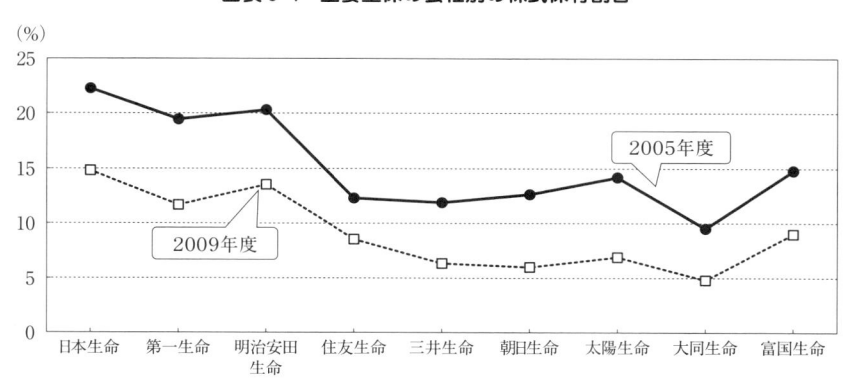

図表5-4 主要生保の会社別の株式保有割合

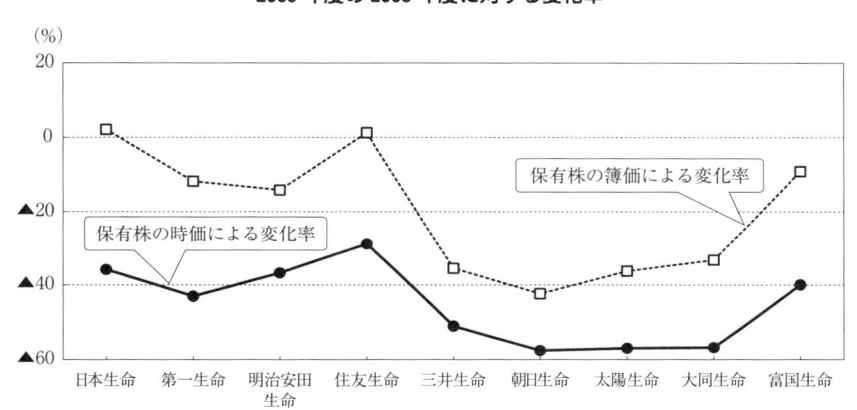

図表5-5　主要生保の会社別による保有株の時価と簿価の変化率
—2009年度の2005年度に対する変化率—

(グラフ：横軸に日本生命、第一生命、明治安田生命、住友生命、三井生命、朝日生命、太陽生命、大同生命、富国生命。実線が「保有株の時価による変化率」、破線が「保有株の簿価による変化率」。縦軸は％で▲60～20の範囲。)

「保有株の簿価による変化率」を見ると、違った姿が映し出される。

　例えば、ほとんどの主要生保は簿価で見ても株式保有額を4年前に比較して減らしているが、日本生命と住友生命はわずかではあるが、株式を増やしている。SM比率の見直しの方向性が固まっていくなかで、必ずしも株式を積極的に売却していない生保も存在しているのである。しかも、規模の大きな生保である。

　それでも全体的にはマイナスの生保のほうが多く、三井生命、朝日生命、太陽生命、大同生命は簿価で見ても株式の売却を積極的に進めている。だが、時価よりも簿価のほうがマイナスの変化率の幅が小さいのも事実である。

　つまり、実際の株式の売却は決算の数字で表わされているよりも消極的であったことがわかる。これにより、生保によって多少の取組み上の違いが見られるが、全体的にはSM対策として株式を売却しているとは断言できないように思われる。

　いままで保有株の動きを簿価に置き直しながら分析を進めてきたが、別のアプローチからも株式の売却がSM比率対策として積極的に利用されてきた

第5章　生保の株式投資とソルベンシー・マージン比率　　101

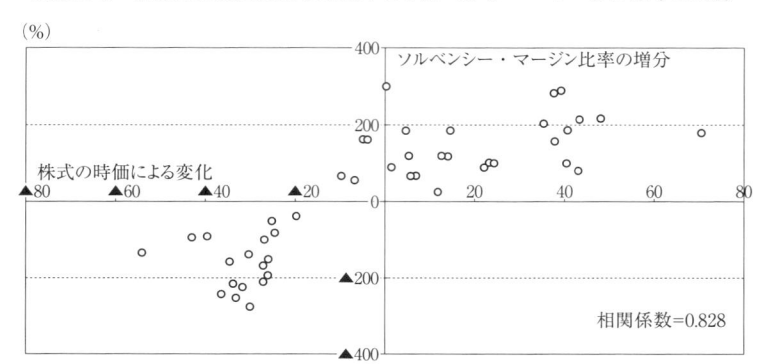

図表 5-6　保有株の時価による変化率とソルベンシー・マージン比率の増分

わけではないことが理解できる。

そこで、次にそのことを確認するため、保有株の動きが実際に SM 比率を引き下げる方向に働いていたかどうかを直接見ることにしたい。

図表 5-6 はそのために描かれたものである。ここでは 2005 年度末から 09 年度末までの主要生保を対象にしながら、各生保ごとの SM 比率の増分と保有株の時価による変化率が年度末ごとにプロットされている。

相関係数は 0.828 であり、全体的に眺めると、両者の間には極めて高い正の相関が成立している。だが、この関係は SM 比率対策としての株式の売却と矛盾した結果になる。

なぜなら、価格変動リスクを抑えるために株式の保有を減らしているならば SM 比率は下がらず、両者の間には正の相関が生じにくいと推測できるからである。むしろ、負の相関が描かれてこそ、SM 比率対策としての株式投資行動が位置づけられるであろう。

簿価による保有株もほぼ同じような結果が得られている。**図表 5-7** は SM 比率の増分に対して保有株の簿価による変化率を同じ期間にわたって各生保ごとにプロットしたものである。やはり、両者の間には正の相関が見られる。相関係数を求めると 0.552 と高い数値が現れている。

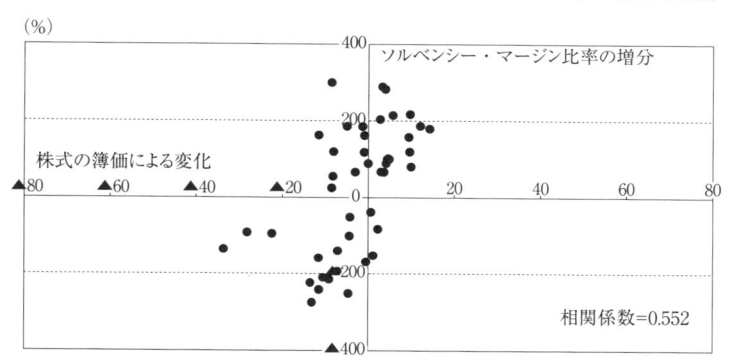

図表 5-7 保有株の簿価による変化率とソルベンシー・マージン比率の増分

(散布図：横軸「株式の簿価による変化 (%)」▲80〜80、縦軸「ソルベンシー・マージン比率の増分」▲400〜400、相関係数=0.552)

　時価よりも簿価のほうが生保の株式投資行動が明確に判断できるので、この図のほうが実態を正確に表していることになる。やはり、これを見ても本来のSM比率対策としての関係が見出しにくい。

　簿価による株式保有額が減ることで、SM比率が確実に上昇すれば、財務の健全性を意識した行動と言えるが、そうした関係はこの図を見る限りでは見出しにくい状態にある。

第4節　経済価値ベースでの評価に取り組む生保

(1) 基金の積み増し

　いままで主要生保の株式投資行動に注目しながら、SM比率の見直しに対応した動きを展開していたかどうかを観察してきた。新聞等のマスコミでは価格変動リスクを抑える目的から株式の保有を減らしているように報じている。

　しかし、それは日経平均株価の低迷を反映した結果から生じた現象であり、生保自らが積極的に株式の売却に向かっているようには見えない。簿価で置き直して株式の保有状況を見れば、そのことが理解できると思われる。

もちろん、主要生保のなかには株式をかなり売却している生保もあるが、それは個別の特殊事情が影響しているためであろう。やはり、全体的にはSM比率対策としての色彩はそれほど強くないように見える。
　これにより、生保による株式の売却を引き金とするプロシクリカリティ問題といった景気への悪循環もマクロ経済レベルで生じているとは言えないことがわかる。
　それでは生保はどのような方法でSM比率の見直しに対応しているのであろうか。それは基金の積み増しという極めてオーソドックスな手段を確実に実施することで、問題を解決しようとしている。
　先ほどの主要生保全体の財務データをまとめた**図表5-3**を再び見るとわかるように、基金の金額が年度ごとに確実に積み上がっている。基金が増えることで、価格変動リスクだけでなく、生保に関わるさまざまなリスクを吸収し易くなる。（図表5-3【②】財務データ（2）参照）
　こうした対応策を見ていると、生保は長期的視点からSM比率対策に向かっているように思える。すでに触れたように金融庁の「報告書」では短期的な見直しに向けた取組みと中期的な取組みの2段階に分けて提言がまとめられている。このうち保有株がもたらす価格変動リスクの引き上げは短期的な見直しに属する。
　それに対して中期的な取組みとは国際的な動向である保険負債の時価評価を意識した行動である。資産側だけでなく負債側も時価で評価すれば、金利の動きによって両者の差額である純資産が大きく変動し、最悪の場合、マイナスに陥る恐れがある。
　その問題を解消するには資産と負債の満期を調整する資産負債総合管理（ALM＝Asset Liability Management）の開発を目指さなければならない。そのために生保は負債の満期に合わせるように超長期の国債を積極的に購入したりしている。
　資産側の満期を調整する意味で国債は都合のよい金融資産である。そのこ

とは次の第6章で詳細な分析が行われている。だが、生保特有の超長期の負債に完全に一致させるのは難しい。そこで、外部から資金を注入することで純資産そのものを大きくし、リスクを吸収する体制を整えているのである。

したがって、基金の積み増しは価格変動リスクを吸収する短期的な対応策でもあるが、これからの国際的枠組みである経済価値ベースでの評価に対応した動きであるとも解釈できる。

(2) 純粋の投資手段としての株式

過去において株式は生保にとって政策投資として位置づけられていた。つまり、保険契約の獲得に結びつけるための手段であり、株価の変動に関わらず、相手企業の株式を保有していた。

だが、いまでは時価会計の導入から株価が下落すれば損失が発生するため、むやみに株式を保有する行動は控えている。株価上昇の見込みがなければ、相手企業の理解を得ながらも売却に向かう傾向にある。

SM比率の見直しが叫ばれるなかで生保は必ずしも株式を売却し続けているわけではない。本章ではそのことをデータから確認したが、その一方で株式を積極的に買い増しているわけでもない。

年度によっては大量に売却している。それは株価が急激に下落する状況のもとでは、保有しているだけでかなりの評価損を抱え込んでしまうからである。

今日の生保にとって株式は純粋の投資手段であり、そこから期待されるのは高い収益率の獲得である。ところが、日本経済はバブル崩壊後、長期にわたってデフレ経済が続き、株価が低迷状態にある。そのなかで国内株を保有する魅力はかなり失われつつある。

わが国は高度成長期の頃と違い、株式を保有するだけで大量の含み益が得られる経済環境に置かれていない。それゆえ、生保が国内株を増やそうとしないのはSM比率対策と言うよりも、むしろ純投資といった視点から判断し

ているように思われる。

　機関投資家でもある生保は契約者から預かった資金をできる限り、大きな利益を生み出すように効率的に運用しなければならない。運用益は利差益として契約者に還元されるが、一部は内部留保に留まり、ソルベンシー・マージンの増大に結びつく。実現益だけでなく含み益も同様の効果を発揮する。

　それゆえ、積極的な運用で大きな収益が得られればソルベンシー・マージンの絶対額が高まり、SM比率そのものも上昇する。デフレ経済のもとでは株式にウエイトを置くのは難しいが、将来、高い収益が望めるような運用環境に変われば、生保の収益性だけでなく健全性にも貢献するであろう。

　いまは負の側面が強調され、価格変動リスクからSM比率を引き下げる要因として株式の保有をとらえがちである。だが、運用環境が好転すれば、別の見方が生保関係者の間で浸透すると思われる。

　その時は生保だけでなく、日本経済も成長に向かう正のプロシクリカリティが展開されるであろう。

第6章

生保の資産側デュレーションと金利感応度の関係

第1節 生保危機の元凶と具体的対応策

(1) 逆ざや問題の発生

わが国の生保業界は1990年代後半から2001年初頭にかけて未曾有の生保危機に見舞われた。それまで経営不安とはまったく無縁な存在と思われていた生保業界であったが、バブル崩壊の影響から新規契約が伸び悩むだけでなく、長期にわたる金利の下落から深刻な逆ざや問題を抱え込んでしまった。

実際の運用利回りが予定利率を下回る逆ざやは、基本的に金利が上昇しない限り解決する見込みが薄い。日本経済が低迷を続ける限り、金利の反転は期待できず、生保の財務力は時間の経過とともに確実に弱まっていく。

減少する利息収入を補うように保有株式の時価が上がれば救われるが、残念なことに株価も大幅に下落したため、売却損や評価損が拡大し、財務力はさらに弱まっていった。そして、これらの圧力に耐え切れなくなった生保の最後の姿が経営破綻であった。

最初に破綻したのは中堅生保の日産生命であり、それは1997年4月の出来事であった。すでに第3章でも触れたように生保破綻はそれで終わらず、次々と発生し、2001年3月までに都合7つの生保が過去の姿から消えていった。

こうした生保危機の元凶は基本的に逆ざや問題にあり、破綻生保はこの問題を克服できなかったために悲劇が生じたと言える。その後は生保危機が去ったかのようにも見えたが、2008年10月になると、8番目の生保破綻が起きた。大和生命の経営破綻である。同年9月に米国で発生したリーマン・ショックの影響から保有する有価証券が急激に悪化し、損失が拡大したために経営が行き詰まってしまった。

　大和生命は他の生保と違って外債や国内外の株式といったリスク性の高い資産を積極的に保有する特異なタイプの生保であった。そうした運用姿勢を貫くなかで、リーマン・ショックが発生し、日経平均株価が大幅に下落するとともに為替相場も大きく揺さぶられた。

　その結果、大和生命は有価証券の損失が急拡大し、破綻してしまった。それは同じく1年前に米国で起きたサブプライムローン問題からも同じような現象が起きていた。それゆえ、大和生命の破綻はハイリスクな資産運用が原因であったと解釈できるかもしれない。

　もともと高い予定利率の生保商品を大量に保有していたことが積極的な資産運用をとった理由としてあげられる。ところが、不幸なことに運用環境が世界的に激変したために運用利回りが急速に悪化し、致命的な逆ざやを生み出してしまった。したがって、破綻の最終的な要因は先ほどの7生保と同様に逆ざや問題にあると断言できる。

　それでは、なぜ生保は逆ざやに陥ってしまったのであろうか。それは金利水準がこれほどまでに低位で、しかも長期にわたって持続するとは誰も予想しなかったからである。1980年代後半の頃には予定利率が6％台という契約者にとって魅力的な保険商品が販売されていたが、これは運用利回りがこの基準を十分に満たす自信があったからであろう。

　その背景には戦後の金融行政として長期にわたって硬直的な金利水準が設けられていたことがあげられる。だが、金利自由化の時代に突入した状況のもとではいかなる予定利率であれ、順ざやから逆ざやに転換する恐れがある。

もはや運用利回りが予定利率を上回る順ざやが保証される環境は失われている。実際、1990年代以降、自由化の流れのなかで金利の低下傾向が鮮明となり、逆ざやに耐え切れなくなった生保から次々と破綻していった。

(2) 資産負債総合管理の必要性

それでは運用環境が変化するなかで、逆ざやリスクを回避する手段はないのであろうか。もちろん、存在する。それは資産負債総合管理（ALM＝Asset Liability Management）である。資産側と負債側のデュレーション（満期）のギャップ（差）を縮めることから逆ざやの発生をできるだけ抑える手法である。

一般的に保険商品の特性から負債側のデュレーションのほうが資産側のそれよりも大きい傾向にある。そのため負債側の予定利率は長期間にわたって固定されるのに対して、資産側の運用利回りはそれよりも短い期間で変化していく。

もし金利が上昇傾向にあれば、運用利回りは予定利率を上回り続けるであろう。逆に金利が低下傾向に転じれば、運用利回りは予定利率を下回る恐れが生じる。したがって、金利自由化のもとでは順ざやという好ましい成果を生み出すだけなく、逆ざやという生保にとって厄介な問題も発生する。

このような逆ざやリスクを回避するには資産側デュレーションを負債側のそれに合わせるように長期化すればよい。それが達成できれば金利が変動しても、逆ざやの発生が抑えられる。

まさに資産と負債のデュレーションをコントロールするALMは生保にとって必要不可欠な手法と言える。ところが、わが国の生保はそうした対策を十分にとらないまま長期性の保険商品を積極的に販売したため、バブル崩壊後の低金利のなかで巨額の逆ざやを抱え込んでしまった。経営破綻は最悪のケースであり、そこまで至らないにしても多くの生保は長い期間にわたって逆ざや問題に悩まされ続けてきた。

したがって、本章では多くの人々が関心を持つ生保の逆ざや問題への対応

策について調べていきたい。つまり、1990年代後半から2001年初頭にかけて起きた生保危機を教訓にしながら、わが国生保が逆ざやを回避する手法としてALMを確実に実践しているかどうかを見ていくことにしたい。

アプローチとして主要生保が保有する有価証券ならびに貸付金のデュレーションを年度ごとに計測していく。どの生保も負債側のデュレーションのほうが資産側のそれよりも大きいので、代表的な保有資産のデュレーションが年度ごとに大きくなる傾向が確認できれば、逆ざやリスクを減らす対策が実行されていると判断できる。それゆえ、資産側デュレーションの計測はALMの実行を確認するうえで重要な作業となる。

だが、それだけで終わりにするわけにはいかない。資産側デュレーションの変化が逆ざやリスクをどれだけコントロールしているかについても確認しなければならない。当然ながら、生保危機の教訓から満期の長い国債等を保有することで資産側デュレーションを負債側のそれに近づけ、逆ざやリスクを減少させていると考えられる。

後半では株式上場の主要生保2社を取り上げ、株価変動と金利変動の動きを観察しながら、この現象を理論モデルに基づきながら実証分析していく。そこでは年度が進むにつれて資産側デュレーションが長期化する実態を観察しながら、同時に株価の金利変動に対する変化に注目していく。

この変化が小さければ、逆ざやリスクも減少していると解釈できる。さらにゼロに近づけば、ほぼ完全に逆ざやリスクを吸収するALM体制が整備されていると言える。ここではたった2社の株式上場生保しか分析の対象にしていないが、他の主要生保も同じような結果が得られるであろうと推測している。

このように実際に資産側デュレーションを計測しながら、生保の逆ざやリスクへの変化を観察するのが、ここでの目的である。その前にALM分析と密接な関係にある経済価値ベースのソルベンシー規制に触れながら、本章の理論的フレームワークを紹介することにしたい。

第2節　経済価値ベースの評価

(1) 負債の時価会計

　生保危機を契機に監督機関による生保へのソルベンシー規制が強められている。わが国では1996年度決算において米国のRBC（Risk Based Capital）を参考にしながらソルベンシー規制を導入している。

　その後、修正を幾度か重ねながら2011年度決算ではリスク係数の見直しを中心とする「短期的対応」と呼ばれる改定が実施された。その内容はすでに金融庁の報告書（2007）のなかで明記されたものであり、第5章でも触れてきた。

　今後は経済価値ベースの考え方に基づく「中期的対応」と呼ばれる改定が検討されている。EUではわが国よりもかなり早い段階からそうした議論が進められ、ソルベンシー規制の短期的な改正を実施するとともに、抜本的改革として経済価値ベースの評価を求めた「ソルベンシーⅡ」が10年以上にわたって検討され続けている。

　こうしたソルベンシー規制の強化は米国やEU等が先行していることからもわかるように国際的な流れでもある。なかでも経済価値ベースの評価はかなり複雑な作業が要求されるため、その必要性を訴えながらも依然として実現されていない。しかしながら、この評価システムが確立されない限り、生保破綻を予知するのがかなり難しくなる。

　先ほども指摘したように生保破綻の原因は逆ざや問題にあり、現時点だけでなく、将来時点にわたって赤字が連続的に発生すれば経営が行き詰まってしまう。そうした動きを事前に予想できれば保険契約者を保護できるだけでなく、経営改善にもつながる。

　実際、破綻生保が直前に発表した決算はほとんどが黒字であり、まして債務超過が事前に報告されることはなかった。それは決算そのものが簿価で表

記されていたからであり、とりわけ負債側の簿価表記は逆ざやリスクを完全に隠蔽することにつながった。

そうした生保決算の欠陥を克服する試みが経済価値ベースの評価であり、資産側だけでなく負債側も時価でとらえようとしている。資産側の時価評価はすでに導入されているが、負債側は取得原価のままである。したがって、経済価値ベースへの移行ではとりわけ負債側の評価の変更に注目せざるを得ない。

現行では負債側の大部分を占める責任準備金は、契約時に設定された予定利率が将来にわたって固定化されたロックイン方式で評価される。そのため予定利率よりも低い金利が続く状況下では、将来の保険金・給付金支払いに必要な追加責任準備金を新たに積み立てなければならない。

ところが、負債の取得原価が適用される限り、表向きはその必要性が伝わらず、積立不足の状態が続く。本来ならば逆ざや額に相当する資金を積み立てなければならないが、会計上、無視される傾向にある。その結果、不幸なことに一定の時間が経過した時点で保険金・給付金の支払いに行き詰まり、突然、生保が破綻する。

こうした問題を克服する試みが負債側の時価会計であり、ロックフリー方式を適用することで、評価時点ごとに予定利率を変更する。これにより責任準備金は自動的に変動し、金利が低下する局面では増大する。これならば将来に向けた責任準備金の必要額が誰にでも確認できるので、経営危機を事前に察知できる。

(2) 金利下落の影響

いま述べたことを今度は生保の貸借対照表を用いて説明しよう。**図表 6-1** は金利が下落した場合の資産と負債の動きを時価会計に基づきながら示している。

まず、資産側から見てみよう。生保は資産として国債、地方債、社債、国

図表 6-1 生保の時価会計―金利下落が生保の資産と負債に及ぼす影響―

資　産	負　債
有価証券 　国債 　地方債 　社債 　国内株式 　外国株式 　外国債券 貸付金 その他	責任準備金
	自己資本
	純資産

金利の下落 ⇒

資　産	負　債
有価証券 　国債 　地方債 　社債 　国内株式 　外国株式 　外国債券 貸付金 その他	責任準備金
	⬇ 自己資本
⬇	純資産

内株式、外国株式、外国債券で構成される有価証券を中心にしながら、そのほかに貸付金等も保有している。そうすると、金利が下落することで、資産側の経済価値は増大する。

同様に負債側の責任準備金も金利が下落すれば、経済価値は増大する。現行の会計制度ならば金利が下落しても責任準備金は変化しないが、完全な時価会計のもとでは将来の保険金・給付金の支払いに必要な資金が会計上に反映されるので、負債である責任準備金は増えていく。

ここで注目しなければならないのは実質的な自己資本に相当する純資産である。なぜなら、純資産の大きさは生保のソルベンシーを示す指標であり、マイナスの状態になれば、破綻を意味するからである。わが国で生保危機が発生したのは時価でとらえた純資産がマイナスの生保が次々と現れたためである。

現行の会計制度のもとでは負債側の責任準備金は簿価で表記されるので、破綻が宣言されるまで純資産がマイナスであることに気づかない。だが、実際はそれよりも前の段階で純資産が金利の下落とともにマイナスの状態に陥っている。

確かに金利の下落から時価で表記した責任準備金が増大し、最終的に自己

資本を食い潰し破綻が生じるが、同時に資産も金利の下落から増大する。それゆえ、資産と負債の差額である純資産は負債側の責任準備金だけによって決定づけられるわけではなく、資産側の動きも同時に見なければならない。

この図では金利の下落が資産と負債を同時に増大させ、純資産にどのような影響をもたらすかを示している。ここでは資産も負債も同じだけ増え、両者の差額部分に相当する純資産がほとんど変わっていないように描かれている。

だが、必ずしも資産と負債が同じ大きさだけ変動するとは限らない。生保危機の経験からもすぐに連想できるように、生保破綻は金利の下落局面で資産側よりも負債側のほうが増えたために生じた現象である。

こうした両者の変動の相違は資産側と負債側のデュレーションの相違から説明できる。そこで、次に金利が資産と負債の変動を通して純資産に及ぼす効果をデュレーション・ギャップという概念を用いながら理論的に整理していくことにしよう。

第3節　デュレーション・ギャップとALM対策

(1) デュレーション・ギャップの定義

まず、生保の貸借対照表から自己資本に相当する純資産を求めると、次のようになる。ただし、記号の意味は、E=純資産、A=資産、L=負債である。

$$E = A - L \qquad (6-1)$$

この (6-1) 式を微分すると、

$$dE = dA - dL \qquad (6-2)$$

となる。

ところで、それぞれのデュレーションはマコーレーにしたがったものであり、市場価値で表記された資産および負債の利子率に対する変化として示される。その重要な性質を式で表すと、次のようになる。ただし、D_A＝資産側デュレーション、D_L＝負債側デュレーション、r＝利子率である。

$$dA/A = -D_A \cdot dr/(1+r) \tag{6-3}$$
$$dL/L = -D_L \cdot dr/(1+r) \tag{6-4}$$

そこで、(6-2) 式に (6-3) 式と (6-4) 式を代入すると、

$$\begin{aligned}dE &= -D_A \cdot A \cdot dr/(1+r) + D_L \cdot L \cdot dr/(1+r) \\ &= -A \cdot (D_A - D_L \cdot L/A) \cdot dr/(1+r)\end{aligned} \tag{6-5}$$

となる。

この式は利子率の変化が純資産に対してどのような影響を与えるかを表している。その効果を決定づける要因が $(D_A - D_L \cdot L/A)$ であり、「デュレーション・ギャップ」と呼ばれている。

デュレーション・ギャップが正であれば、利子率の変化に対して純資産の市場価値は反対方向に動き、逆に負であれば同じ方向に動いていく。また、それがゼロであれば、利子率の変化に対して純資産は何も動かないことになる。

生保の ALM はまさにデュレーション・ギャップをゼロに近づける戦略である。そこで、次に図を用いながら、生保の戦略について説明しよう。

(2) 図による説明

まず、デュレーション・ギャップがゼロの状態 $(D_A - D_L \cdot L/A = 0)$ から、資

産側デュレーションと負債比率の関係を求めると、次のようになる。

$$D_A = D_L \cdot L/A \qquad (6-6)$$

また、貸借対照表（L＋E＝A）から負債比率と自己資本比率の関係を求めると、

$$L/A + E/A = 1 \qquad (6-7)$$

となる。

そこで、この2本の式から資産側デュレーション、負債比率、そして自己資本比率の関係を描くと、**図表 6-2** のようになる。

この図の上側は縦軸に資産側デュレーション、横軸に負債比率をとり、デュレーション・ギャップがゼロの関係式を直線 L で示している。この直線の傾きは負債側デュレーションを意味している。

この場合、直線 L 上に位置していれば、関係式 $D_A = D_L \cdot L/A$ が成立するので、利子率がどのように変化しても純資産は何も影響を受けないことになる。また、図の下側は横軸に負債比率、縦軸に自己資本比率をとり、資本構成を示している。

いま、生保が図の A 点に位置しているとしよう。負債比率も負債側デュレーションも一定のもとでは、A 点に対応する資産側デュレーションはデュレーション・ギャップをゼロにする資産側デュレーション（D_{A*}）よりも小さい。それゆえ、直線 L の下方の領域はデュレーション・ギャップが負の状態にある。式で示すと、$D_A < D_L \cdot L/A$ となる。

この場合、利子率が下落すると、(6-5) 式から確認できるように純資産も下落する。まさに生保危機に直面した時と同じ状況である。利子率の下落から資産も負債も時価で表記すれば、同時に増大する。しかし、両者のデュ

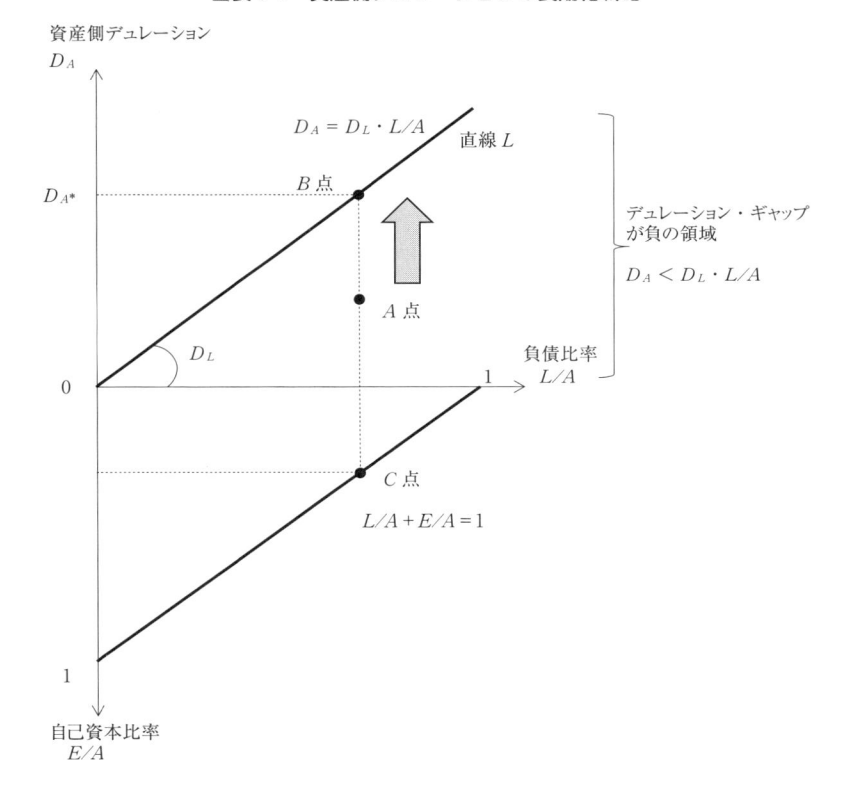

図表6-2 資産側デュレーションの長期化戦略

（図中の記号）
- 資産側デュレーション D_A
- $D_A = D_L \cdot L/A$
- 直線 L
- B 点（D_{A^*}）
- デュレーション・ギャップが負の領域 $D_A < D_L \cdot L/A$
- A 点
- D_L
- 負債比率 L/A
- C 点
- $L/A + E/A = 1$
- 自己資本比率 E/A

レーションの相違から負債のほうが資産よりも増大するため、その差額に相当する純資産は減少してしまうのである。

（3）3種類のALM対策

　こうした状況を打開する手段がALMであり、最も一般的な手法が「資産側デュレーションの長期化戦略」であろう。生保が資産として保有する有価証券や貸付金等のデュレーションを長期化することである。

　図表6-2で表現すれば、A点から上方に位置するB点まで移動させる戦

第6章　生保の資産側デュレーションと金利感応度の関係

略である。B点はデュレーション・ギャップがゼロの直線L上にあるため、利子率の変化を受けない。これにより完璧なALMが実行できる。

なお、それに対応する資本構成はA点にある場合もB点にある場合もまったく変わらず、C点のままである。資産を構成するさまざまな金融資産の中身を変えることで、資産側デュレーションを長期化するだけなので、負債比率も自己資本比率も変わらないのである。

もちろん、デュレーション・ギャップをゼロにする手法は資産側だけでなく、負債側にも存在する。つまり、生保が販売する保険商品の契約内容を変

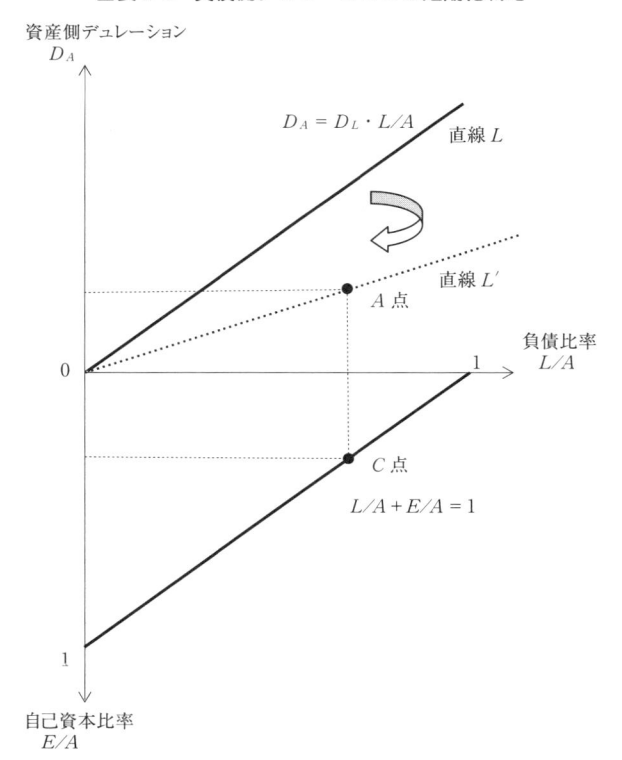

図表6-3　負債側デュレーションの短期化戦略

えることである。これにより負債側デュレーションを短期化することでデュレーション・ギャップをゼロに近づける。

図表6-3はそうした「負債側デュレーションの短期化戦略」を採用したケースを描いている。先ほどと同様に最初、A点に位置しているとしよう。この場合、デュレーション・ギャップが負の状態にある。そこで、負債側デュレーションを短期化することで、このギャップをゼロに近づける戦略がとられる。

そうすると、直線Lの傾きに相当するのが負債側デュレーションであるため、直線Lは時計回りに回転し、ちょうどA点に達するまで移動する。それが直線L'である。この直線L'上にA点が位置づけられるのでデュレーション・ギャップはゼロになり、利子率の変化に対して純資産は何も変動しないことになる。

また、この図の下方にあるC点も変わらないままである。なぜなら、負債を構成する責任準備金のデュレーションを変えているだけで、負債そのものの大きさは変わらないからである。それゆえ、負債比率も自己資本比率もそのままの状態となる。

デュレーション・ギャップをゼロに近づける手法は資産側と負債側の2つしかないわけではない。定義式$D_A = D_L \cdot L/A$からわかるように負債比率（L/A）を変えることでも可能である。具体的には自己資本の積み増しによって自己資本比率（E/A）を高め、同時に負債比率を低めていく戦略である。

図表6-4はこうした「自己資本比率の拡大戦略」を示したものである。最初にデュレーション・ギャップが負の状態に位置づけられたA点から出発することにしよう。この場合、A点に対応する資本構成はC点である。そこで、自己資本比率の拡大戦略を採用したとしよう。

自己資本比率が上昇し、逆に負債比率が下落することで、資本構成はC点からD点に移動する。それと同時にA点は直線L上のE点まで移動する。これはデュレーション・ギャップがゼロの状態であるため、利子率の変化に対して純資産は何も変動しないことになる。

図表 6-4　自己資本比率の拡大戦略

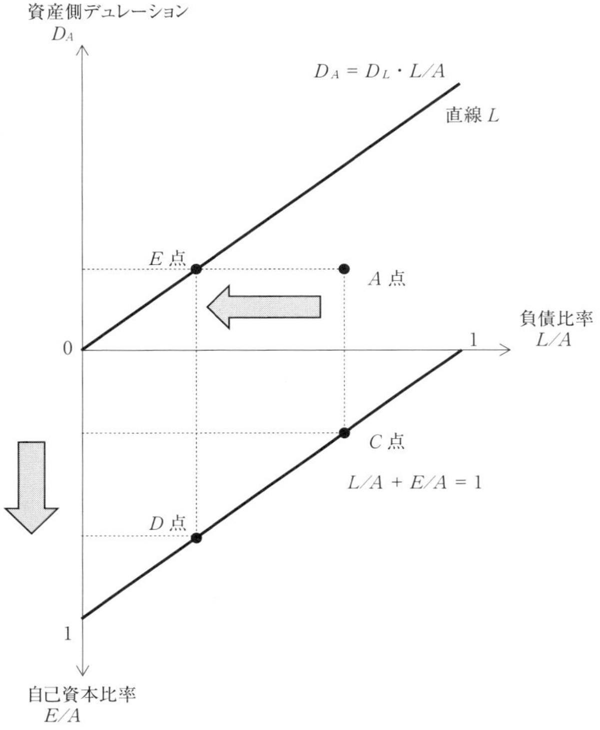
資産側デュレーション
DA
DA = DL・L/A
直線 L
E 点
A 点
負債比率
L/A
0
1
C 点
L/A + E/A = 1
D 点
1
自己資本比率
E/A

このように ALM 対策として資産側デュレーションの長期化戦略、負債側デュレーションの短期化戦略、そして自己資本比率の拡大戦略の 3 種類が考えられる。このうち本章で注目するのは資産側デュレーションの長期化戦略である。

負債側デュレーションの短期化戦略も自己資本比率の拡大戦略も有効な手段であるが、実行するうえで時間を要する欠点がある。それに対して、資産側デュレーションの長期化戦略は保有する金融資産を変えることで達成可能である。

それゆえ、生保業界が生保危機の元凶である逆ざや問題を克服しようとしていたならば、まず資産側デュレーションの長期化戦略が実行されていたと考えられる。そこで、次節では実際に生保の資産側デュレーションを計測しながら、そのことが実際に試みられていたかどうかを確認してみたい。

第4節　資産側デュレーションの動き

（1）資産別構成割合の推移

　生保の資産運用は時代とともに変化している。戦後の流れを見ると、本書の第1部で確認したように高度経済成長期では貸付金が大きな割合を占め、有価証券の割合はそれほど大きくなかった。ところが、今日ではそうした動きとはまったく正反対の姿を見せている。

　図表6-5は全生保を対象にした資産別構成割合（％）の推移を2000年度から眺めたものである。これを見るとわかるように有価証券が圧倒的な割合を占め、その勢いが続いている。それに対して貸付金の割合は減り続け、いまでは10％台である。

　また、株式の割合も過去と現在ではかなり違っている。かつては株式は魅力的な投資対象であったため、総資産の30％近くまで保有していた時期もあった。しかしながら、今日ではその割合は貸付金と同様に下がり続け、1ケタ台にある。

　数値だけでも理解できるが、これらの動きをさらにわかり易くとらえるため、図を用いることにしたい。**図表6-6**は大雑把な括りから最近の有価証券と貸付金の動きを見たものである。これからもわかるように貸付金の低迷状態は続き、有価証券はそれを補うように上昇している。そこで資産運用の中心的存在となった有価証券に注目し、その動きを決定づけている要因を探ってみたい。

　図表6-7はそのために描かれたものであり、有価証券の主要な構成要素で

図表 6-5　全生保を対象にした資産別構成割合（％）の推移

	2000年度	2001年度	2002年度	2003年度	2004年度	2005年度
有価証券	57.6	60.2	61.4	65.3	68.8	71.9
国債	16.6	17.8	19.4	19.3	21.9	21.3
地方債	3.9	3.9	4.1	3.4	3.1	2.7
社債	9.3	9.7	10.7	10.2	9.5	8.7
株式	15.4	13.4	9.6	11.6	11.5	14.7
外国証券	11.4	14.3	16.1	18.3	19.1	18.8
その他の証券	1.0	1.1	1.5	2.5	3.7	5.7
貸付金	26.1	25.5	24.7	22.6	20.0	17.5
その他	16.3	14.3	13.9	12.1	11.2	10.6

	2006年度	2007年度	2008年度	2009年度	2010年度
有価証券	73.7	72.6	71.6	75.3	76.3
国債	22.1	23.2	26.4	27.8	30.5
地方債	2.5	2.5	2.6	2.7	2.5
社債	8.7	9.1	9.4	9.0	8.6
株式	14.7	11.2	7.6	8.6	7.2
外国証券	18.8	19.4	19.1	19.5	20.1
その他の証券	6.9	7.2	6.5	7.9	7.3
貸付金	15.9	16.0	16.0	14.1	13.1
その他	10.4	11.4	12.4	10.6	10.6

(注1) 単位は％、その他は現金・預貯金、コールローン、金銭の信託、有形固定資産等で構成される資産を意味する。
(注2) 『生命保険事業概況』（生命保険協会）。図表6-6、6-7も同じ資料。

ある国債、地方債、社債の動きが示されている。そのほかに外国株式と外国債券を合わせた外国証券も運用対象として無視できない割合を占めているが、ここではこれら3種類の項目に絞って見ている。

それによると、地方債と社債はそれほど変化していないのがわかる。むしろ、わずかではあるが、両者とも総資産に占める割合は減っている。それに対して国債はまったく対照的で着実に増え続けている。いまでは生保の資産運用で30％を上回るまでになっている。

図表 6-6 全生保を対象にした有価証券と貸付金の構成割合

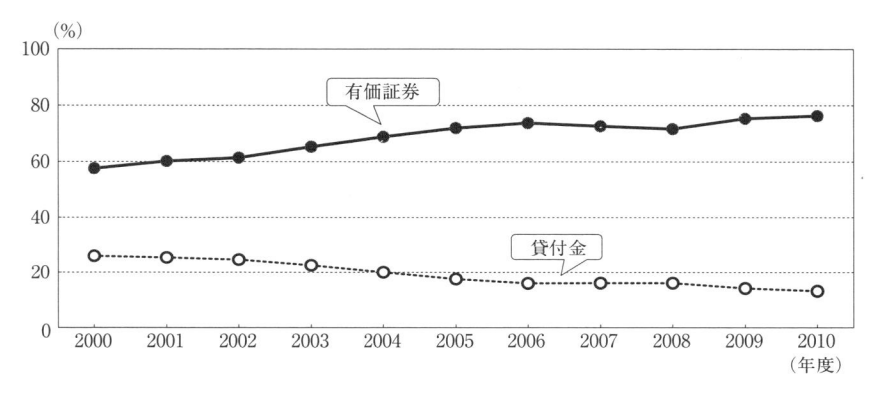

図表 6-7 全生保を対象にした主要な有価証券の構成割合

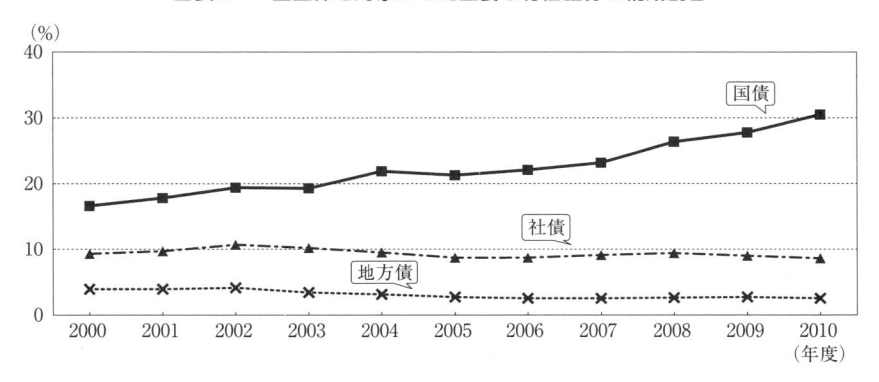

　このことから有価証券の上昇傾向は国債の動きによってほぼ決定づけられているのが確認できる。したがって、今日の生保の資産運用において国債は主要な投資対象であり、保有国債の性格がそのまま運用の性格に影響を及ぼしていると言える。

（2）資産側デュレーションの計測

　ここで言う生保が保有する資産の性格とは具体的には満期に相当するデュレーションを意味する。その生保の投資姿勢は貸付金や株式よりも国債を大量に抱える行動に転じ、しかも、保有する国債は年度を重ねるにつれて長期の国債にウエイトを置く傾向にある。

　国債には元本を償還するまでの期間が10年以下の国債のほかに、10年超の長期国債もある。具体的には、20年、30年、40年といった超長期の国債である。生保はこれら超長期国債のウエイトを高めている。そのため総資産に占める国債の保有割合を高めつつ、さらに国債の中身が超長期であることから、生保の資産側デュレーションは自ずと高まりつつあると予想される。

　そこで、直接、生保が保有する国債のデュレーションを計測してみることにしたい。また、そのほかに社債、地方債、そして貸付金のデュレーションも計測していくことにする。

　計算方法として心光（2009、2011）を参考にしながら、各生保が年度ごとに発刊する「ディスクロージャー誌」から残存期間別の残高に注目し、その数値を利用することでデュレーションを求めていく。

　具体的に説明すると、次のようになる。まず、残存期間の範囲に対応して以下のような年数を定め、その数値に保有資産の割合からウエイトづけを課し、デュレーションの概算値を弾き出していく。

　　　残存期間　1年以下　　　　　………　　0.5年
　　　残存期間　1年超～3年以下　………　　　2年
　　　残存期間　3年超～5年以下　………　　　4年
　　　残存期間　5年超～7年以下　………　　　6年
　　　残存期間　7年超～10年以下　………　　8.5年
　　　残存期間　10年超　　　　　………　　　15年

図表 6-8　大手 4 生保の保有資産別デュレーション（年）の推移

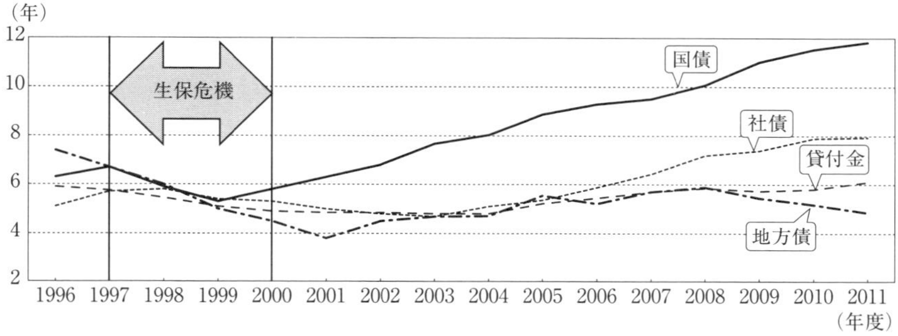

そうしたアプローチから大手 4 社（日本生命、第一生命、明治安田生命、住友生命）を対象にしながら保有資産別デュレーションの概算値を求め、その動きを描いたものが**図表 6-8** である。

この図を見るとわかるように地方債は最近に至ってデュレーションが低下しつつあるが、国債、社債、貸付金はほぼ確実に上昇している。とりわけ、総資産のなかで最も大きな割合を占める国債のデュレーションは他の資産よりもかなり高いことが目につく。

ここで注目しなければならない特徴は各資産のデュレーションが生保危機が発生した 1997 年度から 2000 年度を転換期としながら上昇傾向にある点であろう。この場合も国債の動きが顕著であり、生保危機が発生した頃からデュレーションが確実に上昇している。

これにより生保は逆ざや問題が原因となって破綻した苦い経験を踏まえ、デュレーション・ギャップを縮小させる ALM 戦略を実行していることがわかる。もちろん、負債側デュレーションや自己資本比率の動きも見なければ正確な結論は下せないが、少なくとも資産側デュレーションを高めることで逆ざやリスクを軽減させようとしていることは確認できたと言えよう。

第5節　金利変動が生保の株価に及ぼす影響

(1) 計測モデル

いままで生保が保有する主要な資産である国債、地方債、社債、貸付金を対象に、それぞれのデュレーションを求め、その動きを見てきた。その結果、生保危機を教訓としながら資産側デュレーションを確実に高めることで、デュレーション・ギャップを縮小させる戦略がとられていたと推測できる。

本節では、実際に生保が資産側デュレーションの上昇から逆ざやリスクを減らしている実態を、簡単な計測式から実証してみたい。そこで、次の回帰式を計測することにしよう。

$$\begin{aligned}
\text{生保の株価変化率} =\ & a + b \cdot \text{日経平均株価変化率} \\
& + c_1 \cdot \text{国債流通利回り変化率（3期リード）} \\
& + c_2 \cdot \text{国債流通利回り変化率（2期リード）} \\
& + c_3 \cdot \text{国債流通利回り変化率（1期リード）} \\
& + c_4 \cdot \text{国債流通利回り変化率} \\
& + c_5 \cdot \text{国債流通利回り変化率（1期ラグ）} \\
& + c_6 \cdot \text{国債流通利回り変化率（2期ラグ）} \\
& + c_7 \cdot \text{国債流通利回り変化率（3期ラグ）} \\
& + c_8 \cdot \text{国債流通利回り変化率（4期ラグ）} \\
& + c_9 \cdot \text{国債流通利回り変化率（5期ラグ）} \\
& + c_{10} \cdot \text{国債流通利回り変化率（6期ラグ）} \\
& + c_{11} \cdot \text{国債流通利回り変化率（7期ラグ）}
\end{aligned}$$

この回帰式で注目しなければならないのは金利変動の係数である。ここではリード（先行）、今期、ラグ（遅行）を含めて11種類の国債流通利回り変化

率の係数がある。つまり、係数 c_1 から係数 c_{11} である。これらの係数が 0 の可能性を示唆できれば、生保の ALM 戦略が功を奏していると解釈できる。

なぜなら、資産側デュレーションの上昇からデュレーション・ギャップが縮小しているなら、株式時価に相当する純資産は金利変動の影響を受けにくくなるからだ。そのため、金利変動が株価に及ぼす効果はゼロになる。

逆に生保危機が発生していた頃のように資産側デュレーションが負債側デュレーションよりも小さいためにデュレーション・ギャップが大きい場合には、金利変動の係数はプラスになる。

早速、この計測式に基づきながら生保による ALM 戦略の存在を確認してみたい。だが、そのためには被説明変数が生保の株価変動率であることからも明らかなように、計測の対象生保は株式会社で、しかも上場会社でなければならない。

現在のところ、2 つの条件を満たす主要生保はごくわずかである。そこで、以下では株式上場生保の代表として第一生命と T&D ホールディングスの 2 社を取り上げ、株価変動と金利変動の関係を計測したい。

なお、計測にあたって使用する株価変動と金利変動は、それぞれ日次データによる株価対前営業日比（％）ならびに 10 年物国債流通利回り対前営業日比（％）である。

(2) 第一生命の計測結果

最初に第一生命の資産側デュレーションの動きから見ていこう。**図表 6-9** は同社が保有する有価証券と貸付金のデュレーションを描いたものである。ここで取り上げた有価証券は国債、地方債、社債のほか、国内株式や外国株式も含めたすべてが対象であり、株式のデュレーションは国内株であれ外国株であれ、10 年超の国債と同じ 15 年として計算している。

この図を見るとわかるように第一生命が保有する有価証券と貸付金のデュレーションはほぼ確実に上昇している。さらに有価証券の主要な構成要素と

図表 6-9　第一生命が保有する有価証券と貸付金のデュレーション（年）の推移

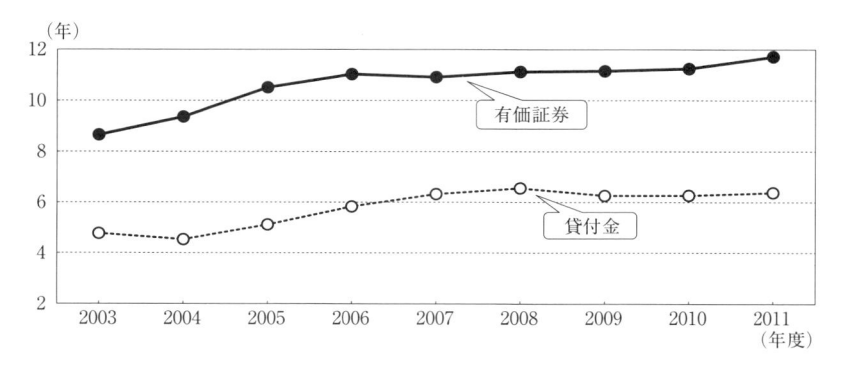

図表 6-10　第一生命が保有する主要な有価証券のデュレーション（年）の推移

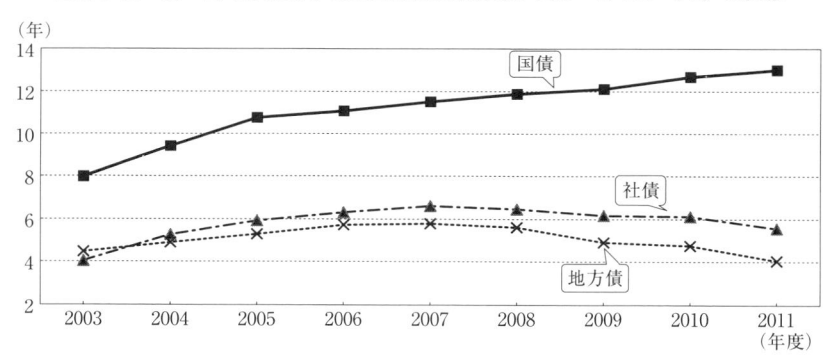

して国債、地方債、社債のデュレーションに注目し、それらの動きを描いたものが**図表 6-10** である。

　地方債と社債は低下傾向が見られるが、国債は確実に上昇している。これにより、保有資産で最も大きな割合を占める国債が有価証券のデュレーションを確実に押し上げている様子が確認できる。このことはすでに大手4生保を対象にした分析と同じである。第一生命が4生保のひとつであるので、同様の動きを見せても当然であろう。

資産側デュレーションの上昇が確認できたので、次に第一生命を対象にした株価変動率と金利変動率の関係を見てみよう。**図表 6-11** は第一生命が株式会社化し、上場した 2010 年度からの計測結果がまとめられている。なお、回帰分析の計測期間は年度ごとに区切った 10 年度から 12 年度までの 3 カ年度である。

　2010 年度の計測結果から見ると、リード 2、リード 1、今期の 3 種類の国債流通利回り変化率の係数がプラスで、t 値が 1％ないし 5％の有意水準を満たしている。同様に 11 年度の計測結果を見ると、リード 1、ラグ 1、ラグ 2 の国債流通利回り変化率の係数がプラスで、t 値が 1％ないし 5％の有意水準を満たしている。これにより第一生命の株価は金利の影響を受けているのが確認できる。

　ところが、2012 年度の計測結果はまったく違っている。どの国債流通利回り変化率の係数も有意な結果が得られていない。t 値が 1％有意も 5％有意も満たせない状態である。それ以前の結果とまったく対照的な結果を示している。

　これは長い時間をかけながら超長期国債を中心に買い続け、資産側デュレーションを高めることで、金利変動の影響を受けにくい状態がようやく達成できたからだと解釈できる。すなわち、この頃からデュレーション・ギャップは縮小し、金利の低下に対して純資産はそれほど動かない状態に至ったと考えられる。

(3) T&D ホールディングスの計測結果

　続いて T&D ホールディングスについても同様の分析を試みることにしよう。**図表 6-12** は持ち株会社である T&D ホールディングスが傘下に持つ太陽生命と大同生命の有価証券と貸付金のデュレーションをそれぞれ計算し、単純平均の推移をまとめたものである。

　この図を見ると、貸付金は必ずしも上昇傾向にあるとは言えないが、有価

図表6-11 第一生命の株価に対する利子率感応度

		《期間1》2010年度	《期間2》2011年度	《期間3》2012年度
(a) 定数項		▲0.05	0.01	0.03
	t値	▲0.35	0.14	0.28
	判定	[ ]	[ ]	[ ]
(b) 日経平均株価変化率		0.85	1.63	1.52
	t値	9.32	17.06	16.27
	判定	[**]	[**]	[**]
(c_1) 国債流通利回り変化率（リード3）		0.05	0.10	▲0.02
	t値	1.24	1.62	▲0.38
	判定	[ ]	[ ]	[ ]
(c_2) 国債流通利回り変化率（リード2）		0.12	0.04	0.03
	t値	2.85	0.71	0.43
	判定	[**]	[ ]	[ ]
(c_3) 国債流通利回り変化率（リード1）		0.11	0.15	0.11
	t値	2.68	2.47	1.95
	判定	[**]	[**]	[ ]
(c_4) 国債流通利回り変化率		0.09	0.11	0.11
	t値	2.15	1.70	1.83
	判定	[*]	[ ]	[ ]
(c_5) 国債流通利回り変化率（ラグ1）		0.05	0.12	0.02
	t値	1.10	2.09	0.43
	判定	[ ]	[*]	[ ]
(c_6) 国債流通利回り変化率（ラグ2）		0.05	0.14	0.08
	t値	1.26	2.41	1.36
	判定	[ ]	[*]	[ ]
(c_7) 国債流通利回り変化率（ラグ3）		▲0.02	0.01	▲0.03
	t値	▲0.51	0.18	▲0.53
	判定	[ ]	[ ]	[ ]
(c_8) 国債流通利回り変化率（ラグ4）		▲0.01	▲0.01	0.10
	t値	▲0.22	▲0.21	1.76
	判定	[ ]	[ ]	[ ]

	《期間1》 2010年度	《期間2》 2011年度	《期間3》 2012年度
(c_9) 国債流通利回り変化率（ラグ5）			
t 値	▲0.01	0.02	0.05
判定	▲0.26	0.27	0.89
	[ ]	[ ]	[ ]
(c_{10}) 国債流通利回り変化率（ラグ6）			
t 値	▲0.09	▲0.04	▲0.00
判定	▲1.64	▲0.71	▲0.03
	[ ]	[ ]	[ ]
(c_{11}) 国債流通利回り変化率（ラグ7）			
t 値	0.04	0.05	0.06
判定	0.63	0.89	1.04
	[ ]	[ ]	[ ]
自由度修正済み決定係数（adj-R^2）	0.32	0.63	0.60
F 値	10.33	35.35	30.90
ダービンワトソン比（DW）	2.18	2.03	1.92
件数（N）	244	246	238

(注1) 判定［**］：1%有意、判定［*］：5%有意を意味する。▲はマイナスを意味する。
(注2) 網掛けは1%有意あるいは5%有意の箇所を示している。

図表6-12　T&Dが保有する有価証券と貸付金のデュレーション（年）の推移

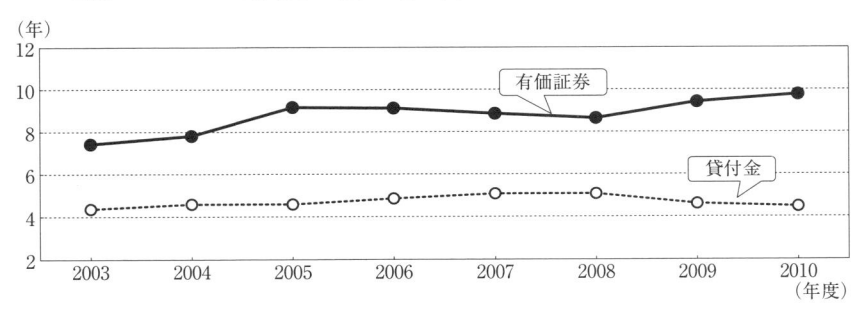

証券はほぼ上向いている。**図表6-13**は有価証券に注目し、主要な構成要素である国債、地方債、社債の動きを見たものである。やはり、先ほどの大手生保と同じように国債が中心になってデュレーションを上昇させている様子

第6章　生保の資産側デュレーションと金利感応度の関係　　131

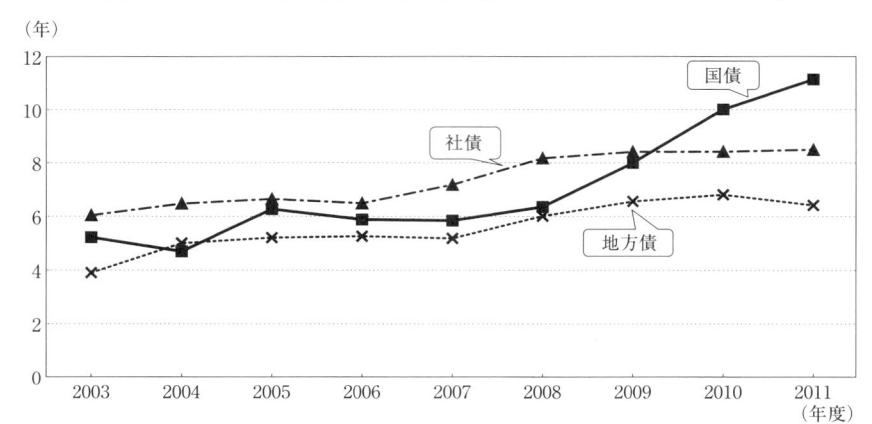

図表 6-13　T&D が保有する主要な有価証券のデュレーション（年）の推移

（年）

（年度）

がわかる。

　この動きから時間の経過とともに資産側デュレーションが上昇し、その結果としてデュレーション・ギャップは縮小し、金利変動の影響を受けにくい状態が生み出されていると推測できる。

　そこで、実際に T&D ホールディングスの株価変化率を取り上げながら、国債流通利回り変化率の影響を第一生命の場合と同じ手法で計測してみることにしたい。**図表 6-14** はその結果を整理したものである。

　なお、計測期間は株式を上場した 2004 年度を出発点としながら、その年度から 09 年度までの期間と、それ以降を年度ごとに区切った 10 年度から 12 年度までの 3 カ年度の期間である。

　まず、2004 年度から 09 年度までを対象にした計測結果から見ると、リード 1 とラグ 3 の国債流通利回り変化率の係数がプラスで、t 値が有意水準の 1％ないし 5％の条件を満たしている。

　さらに 2010 年度の計測結果を見ると、ほぼ同様にリード 1 とラグ 2 の国債流通利回り変化率の係数がプラスで、t 値が有意水準の 1％ないし 5％の

条件を満たしている。ただ、ラグ 6 の係数はマイナスで、t 値が有意水準の 5％にある。

　この結果を見る限り、2010 年度までは純資産が金利変動の影響を受けやすい構造にあったことがわかる。これにより金利下落の局面では逆ざや問題に苦しむことが予想される。しかしながら、すでに確認したように資産側デュレーションは上昇傾向にあるので、最近ではこの影響が弱まりつつあることも考えられる。

　そこで、2011 年度そして 12 年度の計測結果を見ると、すべての国債流通利回り変化率で有意な結果が得られていない。t 値が 1％有意も 5％有意も満たせない状態である。すなわち、この頃から金利変動の影響を受けにくい構造に転換していることが確認できる。

　こうして見ていくと、T＆D ホールディングスも第一生命と同じように資産側デュレーションを上昇させることで、ALM 戦略を推し進めているように思われる。これにより金利変動による経営の不安定性を取り除いていると言えよう。

第 6 節　今後の研究課題

　生保が破綻すれば、契約者に約束した保険金や給付金は大幅に削減させられる。これでは生保本来の機能が果たせず、契約者に多大の負担を強いることになる。それゆえ、いかなる環境に置かれても十分に対応できるだけの盤石な経営体制が生保に求められている。

　ところが、生保危機の発生は人々の信頼を完全に裏切ってしまった。バブル期に設定した高い予定利率が原因で深刻な逆ざや問題に悩まされ、生保が次々と破綻してしまったからだ。

　当時、欧米では逆ざや問題で経営危機に陥る生保の事例はほとんど見られなかった。ところが、わが国ではこの問題に悩まされ続けていた。それは破

図表 6-14　T&D ホールディングスの株価に対する利子率感応度

	《期間 1》 2004年度～2009年度	《期間 2》 2010 年度	《期間 3》 2011 年度	《期間 4》 2012 年度
(a)　定数項	▲ 0.01	0.03	▲ 0.22	0.02
t 値	▲ 0.20	0.24	▲ 1.01	0.24
判定	[　]	[　]	[　]	[　]
(b)　日経平均株価変化率	1.15	1.00	1.46	1.32
t 値	27.38	14.40	6.84	15.61
判定	[**]	[**]	[**]	[**]
(c_1)　国債流通利回り変化率（リード 3）	▲ 0.02	0.03	0.13	▲ 0.01
t 値	▲ 0.50	1.14	0.99	▲ 0.15
判定	[　]	[　]	[　]	[　]
(c_2)　国債流通利回り変化率（リード 2）	0.02	0.05	0.12	0.02
t 値	0.60	1.54	0.90	0.35
判定	[　]	[　]	[　]	[　]
(c_3)　国債流通利回り変化率（リード 1）	0.09	0.13	▲ 0.01	0.08
t 値	2.51	3.89	▲ 0.10	1.62
判定	[**]	[**]	[　]	[　]
(c_4)　国債流通利回り変化率	0.05	0.04	▲ 0.06	0.10
t 値	1.41	1.21	▲ 0.40	1.84
判定	[　]	[　]	[　]	[　]
(c_5)　国債流通利回り変化率（ラグ 1）	▲ 0.02	0.03	0.03	▲ 0.01
t 値	▲ 0.47	1.01	0.19	▲ 0.26
判定	[　]	[　]	[　]	[　]
(c_6)　国債流通利回り変化率（ラグ 2）	▲ 0.02	0.06	▲ 0.07	0.02
t 値	▲ 0.65	1.99	▲ 0.53	0.31
判定	[　]	[*]	[　]	[　]
(c_7)　国債流通利回り変化率（ラグ 3）	0.08	0.03	0.02	0.02
t 値	2.31	0.95	0.15	0.36
判定	[*]	[　]	[　]	[　]
(c_8)　国債流通利回り変化率（ラグ 4）	0.01	0.01	0.24	▲ 0.01
t 値	0.35	0.25	1.83	▲ 0.14
判定	[　]	[　]	[　]	[　]

	《期間1》 2004年度~2009年度	《期間2》 2010年度	《期間3》 2011年度	《期間4》 2012年度
(c_9) 国債流通利回り変化率（ラグ5） t値 判定	0.03 0.92 [ ]	▲0.03 ▲0.86 [ ]	0.18 1.32 [ ]	0.07 1.37 [ ]
(c_{10}) 国債流通利回り変化率（ラグ6） t値 判定	0.03 0.78 [ ]	▲0.08 ▲2.33 [*]	▲0.09 ▲0.71 [ ]	▲0.02 ▲0.40 [ ]
(c_{11}) 国債流通利回り変化率（ラグ7） t値 判定	0.00 0.15 [ ]	▲0.04 ▲1.00 [ ]	▲0.07 ▲0.57 [ ]	0.05 0.93 [ ]
自由度修正済み決定係数（adj-R^2） F値 ダービンワトソン比（DW） 件数（N）	0.38 77.03 2.09 1,467	0.51 22.31 2.20 245	0.18 5.57 2.00 246	0.58 28.02 2.18 238

（注1）判定［**］：1％有意、判定［*］：5％有意を意味する。▲はマイナスを意味する。
（注2）網掛けは1％有意あるいは5％有意の箇所を示している。

綻した生保だけでなく、ほかの主要生保も同様に苦しんでいた。

　こうした欧米生保とわが国生保の対照的な姿を生み出した要因はALM戦略の相違にあったように思われる。欧米生保は以前から資産側と負債側のデュレーションを一致させる経営戦略の重要性を認識し、それを実践していたが、わが国生保はそうした情報を得ながらも十分に行動するまでに至っていなかった。

　しかしながら、本章で確認したように生保危機を契機にしながら主要生保は資産側デュレーションを確実に高める傾向にある。超長期国債を積極的に購入することでデュレーション・ギャップを縮小しつつある。まさにALM戦略を実践していると言える。

　これにより金利下落の局面でも純資産の減少は過去に比べて軽微なものになるであろう。言うまでもなく、過去に起きたような逆ざや問題が原因とな

って経営破綻に向かうことも少なくなる。実際、第一生命と T&D ホールディングスというわずか2生保の事例に過ぎないが、株価変動率と金利変動率の計測結果からもこのことが明らかになった。

　ところで、いままで ALM 戦略として資産側デュレーションだけに注目しながら分析を進めてきたが、そのほかに負債側デュレーションの短期化戦略もあれば、自己資本比率の拡大戦略もある。

　今日の生保は3種類の戦略をうまく組み合わせながら純資産の変動を和らげていると思われる。それゆえ、負債側デュレーションならびに自己資本比率についても最近の動きを追わない限り、資産側デュレーションだけが純資産の変動を抑えているとは主張できない。

　したがって、今後の研究テーマとして負債側デュレーションや自己資本比率の動きについても正確な分析を繰り広げていく必要があろう。

第4部

補　論

システムダイナミックスモデルによる保険分析

第7章

保険商品の銀行窓販と拡張メカニズム

第1節　銀行窓販を活かす諸要因

　保険商品の販売チャネルは損保商品が代理店、生保商品は営業職員が主流になっている。しかしながら、最近ではそのほかに「銀行による保険商品の窓口販売」（銀行窓販）も新しい販売チャネルとして注目を集めている。

　そうした保険商品の銀行窓販が最初に解禁されたのは2001年4月であり、対象となった保険商品は住宅ローン関連の信用生命保険・長期火災保険・債務返済支援保険、そして海外旅行傷害保険であった。

　2002年10月には対象保険商品がさらに広がり、個人年金保険、財形保険、年金払積立傷害保険、財形傷害保険も解禁された。

　段階的に対象商品を広げながら、ついに2007年末には原則として保障型も含めたすべての保険商品が銀行の窓口で取り扱えるようになった。これにより銀行窓販が従来の販売チャネルに代替する有力な手段として確立したことになる。

　銀行窓販という新しい販売チャネルは利用者の利便性を向上させるなどメリットもある反面、銀行による圧力販売などデメリットも存在する。そのため、全面解禁にあたって「弊害防止措置」を講じるなどデメリットの克服も追求されてきた。

確かに銀行融資の条件として抱合せ販売といった圧力販売や、保障性商品から得られる健康情報を融資の判断に利用されることなどは排除されなければならない。それゆえ、銀行窓販の全面解禁にあたってデメリットを克服するための徹底した弊害防止措置が行政当局に求められてきた。

　その一方で「情報共有規制」も強調され、銀行が得た情報と保険会社が得た情報を顧客の同意なしで流用することを厳しく禁じている。銀行窓販を行ううえで圧力販売などを阻止する弊害防止措置は必要である。だが、情報共有規制は逆に銀行窓販のメリットであるシナジー効果を減殺する可能性も高い。

　そこで、これから保険商品の銀行窓販がもたらすメリットとデメリットを整理しながら、保険会社の具体的な最終目標である保有契約高にどのような影響をもたらすかをシステムダイナミックスのソフトである「ステラ(STELLA)」を用いて描いてみることにしたい。

　それにより弊害防止措置が実行された時の拡張メカニズムを示すとともに、情報共有規制を緩めれば、さらに拡大することも明らかにしたい。このことから銀行窓販を活かす要因が理解できるであろう。

第2節　弊害防止措置と情報共有規制

(1) 銀行窓販のメリットとデメリット

　金融審議会は2004年3月31日に報告書「銀行等による保険販売規制の見直しについて」(以降、「報告書」)を発表した。そこでは過去の銀行窓販の経緯が示されるとともに、銀行窓販のメリットとデメリットが指摘されている。そして、最終的に弊害が適切に防止できることを前提にしながら、銀行による保険商品の全面解禁が提言されている。

　報告書 (2～3頁) で指摘されている銀行窓販のメリットとデメリットを取り上げると、次のようになる。

【銀行窓販のメリット】
①銀行等の参入により販売チャネルの多様化が進めば、消費者がアクセスできる保険商品の選択肢や商品に関する情報が増え、利用者利便の向上が期待できる。
②販売チャネルの適切な競争を通じて販売システムの効率化が進めば、保険料の低廉化により、利用者利益の増進につながり、また、保険市場の拡大も期待できる。
③販売チャネルの多様化は、各販売チャネルの特性を反映した、利用者のニーズに適合する商品開発の促進につながり、市場の発展にも資する。
④銀行等が販売できる保険商品を一部に限ると、保険市場全体の商品構成を歪めることにつながる。また、販売できる商品の規制に合わせるための、ループホール（抜穴）的な商品が出てくるおそれがある。
⑤少子高齢化など保険業を取り巻く環境が変化している中で、保険会社においても、国民のニーズに適合した商品開発や効率的な販売体制の確立等、変化に対応したビジネスモデルの構築が求められている。こうした観点からも、販売チャネルの多様化が必要である。

【銀行窓販のデメリット】
①銀行等は強力な販売力を有している。特に融資先に対しては極めて強い影響力を有しており、圧力販売が行われるおそれがある。
②銀行等が保障性の高い商品を販売する過程で入手することとなる健康情報が、融資判断に流用されるおそれがある。
③銀行等は、保険商品の販売を行うのみで、保険の引受けを行わないため、不当に保険加入しようとする者の第一次選択がおろそかになるおそれがある。また、現在の販売チャネルで行われているようなアフターケア等が十分に行われないおそれがある。
④銀行等が、その強力な販売力を背景に、引受保険会社のリスク管理能力

を超えた保険販売を行うことや、保険会社を実質的に支配したり系列化することにつながるのではないか。
⑤不良債権問題の終結に向けた取組を行っている等の現下の状況では、銀行等は本来の業務に徹するべきではないか。
⑥保険会社の主力商品である死亡保障商品や自動車保険の市場が縮小又は伸悩みの傾向にあるなかで、新たな販売チャネルが既存の販売チャネルに与えることとなる影響についても考慮する必要がある。

　メリットを見る限りでは当然ながら、銀行窓販の全面解禁は利用者にとっても保険業界にとっても好ましい展開と解釈できる。その一方で、銀行窓販で懸念されるデメリットを見ると、無条件で全面解禁を認めるわけにはいかないことも理解できる。
　とりわけ、指摘された6つのデメリットのうち、銀行による圧力販売と健康情報の流用は最も懸念される弊害と考えられる。
　報告書ではそのことを十分に認識し、銀行による抱合せ販売の禁止のほか、「圧力販売につながるような融資先に対する保険販売を禁止」することを求めているうえ、保障性保険商品の販売から得られる健康情報を融資判断に利用される懸念も指摘している。
　これらの問題に対して弊害防止措置を実行しない限り、いくらメリットを強調しても保険商品の全面解禁は利用者の理解を得られないであろう。

（2）情報共有規制の弊害

　確かに弊害防止措置は報告書で指摘されているように保険商品の銀行窓販全面解禁にあたって必要不可欠な措置である。
　だが、報告書（5頁）では「非公開情報保護措置」（保険販売業務とその他の業務の間で顧客の同意なく非公開情報の流用を禁止する措置）にも触れ、「例えば預金・決済等の業務で得られた顧客情報については、顧客の同意なく保険販売に用

いられることがないよう、適切に管理することが求められる」と指摘している。

　こうした情報共有規制は米国をはじめとする諸外国でも金融機関に課している。しかも規制の程度は消費者に情報共有を拒否できる機会が与えられれば認められる「オプト・アウト」から消費者の同意を取り付けなければならない「オプト・イン」まである。

　だが、行き過ぎた情報共有規制は銀行窓販の魅力を減殺することにもつながりかねない。銀行窓販の利点は顧客自身が銀行窓口で金融商品を比較できるだけでなく、銀行自身が顧客に見合った金融商品を提供できることにもある。

　銀行は振込や振替の口座を通して得られた情報を蓄積し、顧客ニーズに最も適した保険商品を提供できる立場にある。

　一方、保険会社は営業職員による販売を通して、顧客の家族構成や年収をはじめとして、資産内容、生活環境、趣味、学歴といった、銀行では得られない情報を蓄積する。

　もし銀行と保険会社がそれぞれの顧客情報を相互に利用できれば、いままで以上に顧客ニーズに合った金融商品が提供でき、顧客満足度は一層高まるであろう。

　それにもかかわらず、厳しい内容の情報共有規制が課されれば、銀行窓口に保険商品が並べられるだけで、銀行窓販の真の魅力が薄れてしまう。

　こうして見ていくと、銀行による優越的地位を背景とした圧力販売や融資に関連する医療・健康情報の流用を阻止するための弊害防止措置は銀行窓販の全面解禁にあたって必要不可欠であるが、情報共有規制は必ずしも好ましいものとは思われない。この規制があるために銀行窓販という保険の新しい販売チャネルは伸び悩む恐れもある。

　そこで、次にこのことをシステムダイナミックスのソフトである「ステラ」を用いて表現してみることにしたい。

第3節　銀行窓販の拡張メカニズム

(1) モデルの記号

　ステラでモデル構築用ブロックとして使用される基本的なアイコン（記号）の説明から始めよう。**図表 7-1** はそうした4種類のアイコンが示されている。

　まず、基本となる四角のアイコン(1)は「ストック」を意味し、蓄積した状態を表している。ストックの例として貯水池の水量がわかりやすいが、ここでは窓販の保有契約高、銀行の情報ストック、保険会社の情報ストックが用いられている。

　次に太い矢印に円形の図が加えられたアイコン(2)は「フロー」であり、ストックの単位時間当たりの変化量を示している。T字型の調節ツマミのようなものが円形の上部に付け加えられていることからも推測できるように、このアイコンにはフローの調節機能（フローレギュレータ）としてパイプの流れを決定する数式が含まれている。なお、雲マークはフローの出発点あるいは終点を意味している。

　アイコン(3)は「コンバータ」であり、各期間の出力値を生み出す数式が隠されている。そして、アイコン(4)は情報や入力を伝達する役割を果たす「コネクタ」であり、これによりフローが調整可能となる。

　こうした4種類のアイコンを用いながら、これから銀行窓販の拡張メカニズムを追っていくことにしたい。その際、弊害防止措置と情報共有規制に焦

図表 7-1　モデル構築用ブロック

アイコン (1)	アイコン (2)	アイコン (3)	アイコン (4)
ストック	フロー	コンバータ	コネクタ

点を合わせながら、保有契約高に及ぼす効果を分析していくことにする。

(2) 保有契約高のメカニズム

最初に銀行窓販がフローである保険の新規契約高を増やし、そのことがストックである保険の保有契約高につながっていくプロセスを描いていくことにしよう。

すでに指摘したように銀行窓販にはメリットがある一方で、デメリットも存在し、2つの要素が相互に絡み合って新規契約高に影響を与えていく。しかしながら、このモデルのもとでは弊害防止措置が実行されれば、デメリットは克服される。**図表 7-2** はそのメカニズムを示したものである。

もし、完全な弊害防止措置が実行されれば窓販のメリットだけが活かされるため、新規契約高は上昇し、保有契約高も増えていく。それに対して、弊害防止措置が実行されなければ、窓販のメリットは相殺されるばかりか、デメリットのほうが強く反映され、新規契約高も保有契約高も減少する局面が現れる。

そのメカニズムをステラの独特の数式で表現すると、次のようになる。

□ 窓販の保有契約高(t) = 窓販の保有契約高$(t-dt)$ + (窓販の保険料収入) $* dt$

初期値 窓販の保有契約高 = 0

窓販の保険料収入 = 窓販のメリット + 窓販のデメリット
　　　　　　　　　　 − DELAY (窓販の保有契約高 $* 0.05, 5$)

ただし、
- ○ 窓販のメリット = 1
- ○ 窓販のデメリット = PULSE (−10, 25, 25) $*$ 弊害防止措置
- ○ 弊害防止措置が実施された場合 = 0
- ○ 弊害防止措置が実施されない場合 = 1

図表 7-2　銀行窓販と弊害防止措置の関係

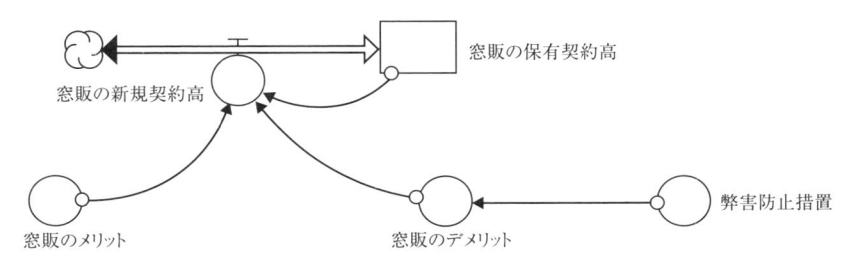

　なお、このなかでDELAY関数は入力の遅れを意味する。例えば、DELAY（窓販の保有契約高＊0.05, 5）は、5期遅れて窓販の保有契約高＊0.05だけの数値が変化していく。

　また、PULSE関数はパルス入力の生成を意味する。例えば、PULSE（－10, 25, 25）は、25期ごとに10だけの新規契約高が減少することを表している。

(3) 弊害防止措置の効果

　このモデルのもとでは窓販のメリットが発揮され、毎期、新規契約高が1だけ増え続ける。一方、弊害防止措置が実行されない場合、窓販のデメリットとして**図表 7-3**のように25期ごとに10だけ新規契約高が減少する。だが、弊害防止措置が完全に実施された場合は、窓販のデメリットが解消されるため、新規契約高の減少はなくなる。

　こうした2つのケースを対象にしながら保有契約高の数値を具体的に追ったものが**図表 7-4**である。ケース①は弊害防止措置が実行されない場合であり、25期ごとに窓販のデメリットが影響し、保有契約高が落ち込んでいくことが確認できる。

　それに対して、ケース②は弊害防止措置が完全に実行された場合であり、窓販のメリットだけが反映されるので保有契約高が着実な上昇を展開するパ

図表 7-3　銀行窓販によるデメリットの発生

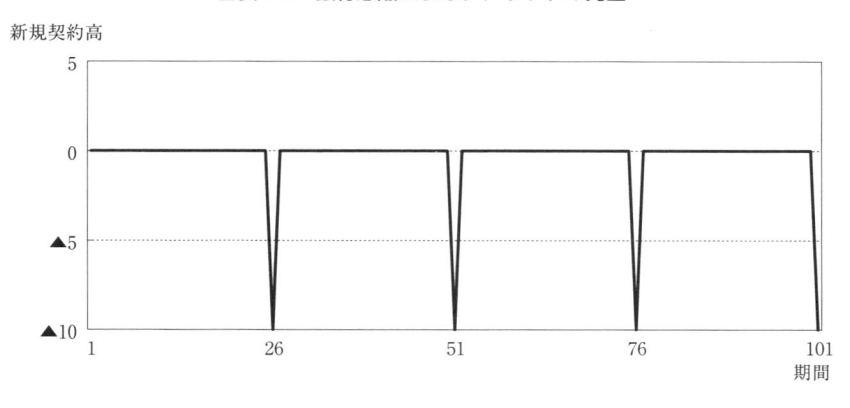

図表 7-4　弊害防止措置と保有契約高の動き

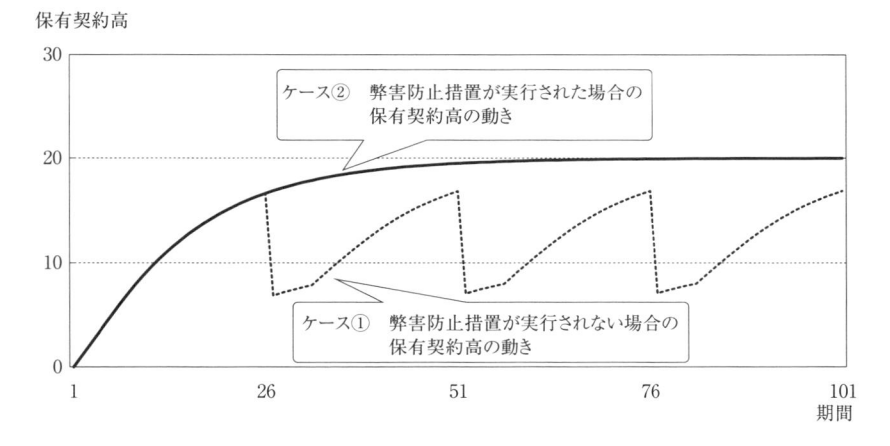

ケース②　弊害防止措置が実行された場合の保有契約高の動き

ケース①　弊害防止措置が実行されない場合の保有契約高の動き

ターンを描くことになる。

(4) 情報蓄積のメカニズム

次に情報共有規制の影響について見ていくことにしよう。保険商品を販売するにあたって顧客ニーズに合ったものを提供することが大原則である。そ

図表 7-5　銀行窓販と情報共有規制の関係

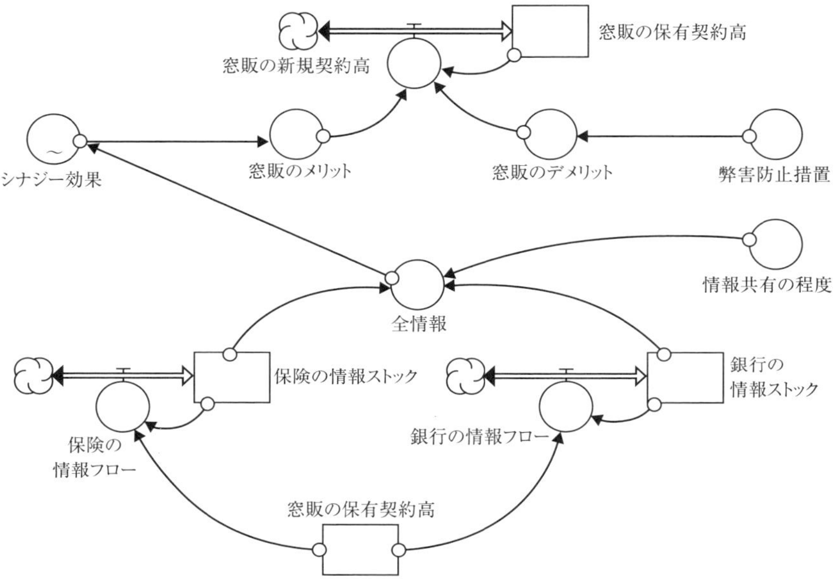

のためには銀行と保険会社が保有する情報を最大限に活用すればよい。それにより銀行窓販のシナジー効果が発揮できることになる。

図表 7-5はそのことを表現するため、先ほどの**図表 7-2**に情報のメカニズムが加えられたものである。ここでは銀行や保険会社が毎期得る情報フローがそれぞれ情報ストックとして蓄積される。そして、それが銀行窓販に利用できるかどうかは情報共有の程度に依存する。

例えば、情報共有規制が完全に実行されれば、いくら情報が銀行や保険会社に蓄積されてもシナジー効果はまったく活かせない。だが、情報共有規制が解除されればシナジー効果は十分に発揮され、銀行窓販をいままで以上に拡大させていくことになる。

こうした銀行と保険会社の情報蓄積のプロセスをステラの数式で示すと、次のようになる。

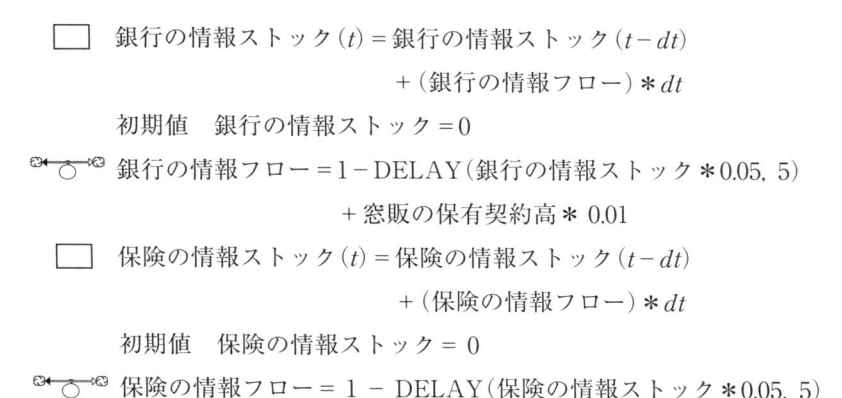

☐　銀行の情報ストック(t) = 銀行の情報ストック$(t-dt)$
　　　　　　+ (銀行の情報フロー) $*dt$
　　初期値　銀行の情報ストック = 0

◦━○　銀行の情報フロー = 1 - DELAY(銀行の情報ストック $*$ 0.05, 5)
　　　　　　+ 窓販の保有契約高 $*$ 0.01

☐　保険の情報ストック(t) = 保険の情報ストック$(t-dt)$
　　　　　　+ (保険の情報フロー) $*dt$
　　初期値　保険の情報ストック = 0

◦━○　保険の情報フロー = 1 - DELAY(保険の情報ストック $*$ 0.05, 5)
　　　　　　+ 窓販の保有契約高 $*$ 0.01

ただし、
- ○　全情報 = (銀行の情報ストック + 保険の情報ストック)
　　　　 $*$ 情報共有の程度
- ○　情報共有規制が実行された場合　情報共有の程度 = 0
- ○　情報共有規制が解消された場合　情報共有の程度 = 1
- ⑦　シナジー効果 = グラフ (全情報)
　　(0.0, 1.0), (6.0, 1.1), (12.0, 1.2), (18.0, 1.3), (24.0, 1.4),
　　(30.0, 1.5), (36.0, 1.6), (42.0, 1.7), (48.0, 1.8), (54.0, 1.9),
　　(60.0, 2.0)

図表 7-6 は実際に情報が時間の経過とともに蓄積されていく過程を描いたものであり、銀行ならびに保険会社の個別情報量と、銀行と保険会社を加えた全情報量のストックが示されている。

それに対して**図表 7-7** はこれらの情報ストックがどれだけシナジー効果として反映されるかを示している。ここではシナジー効果が全情報ストックに

図表 7-6　銀行と保険会社の情報ストック

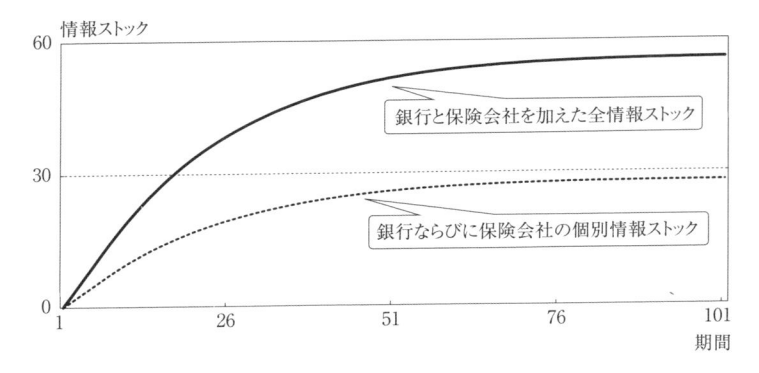

（グラフ：銀行と保険会社を加えた全情報ストック／銀行ならびに保険会社の個別情報ストック）

図表 7-7　全情報ストックとシナジー効果の関係

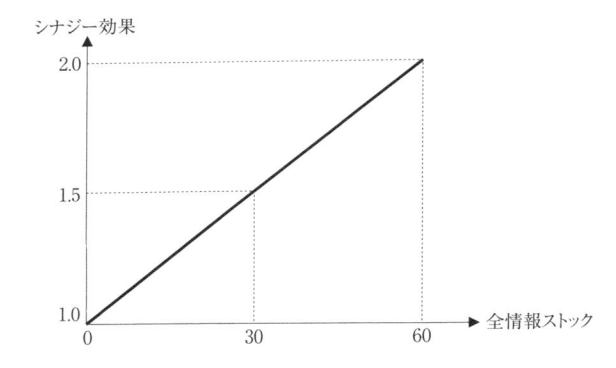

（グラフ：全情報ストックとシナジー効果）

対して単純に比例すると想定され、例えば全情報ストックが 0, 6, 12……60 となるにつれて、シナジー効果は 1.0, 1.1, 1.2……2.0 となるため、直線の形で描かれている。

（5）情報共有規制の効果

　こうした窓販による銀行と保険会社の情報共有がシナジー効果を通して新規契約高そして保有契約高の動きにどのような影響を与えるかを描いたもの

図表7-8 情報共有規制と保有契約高の動き

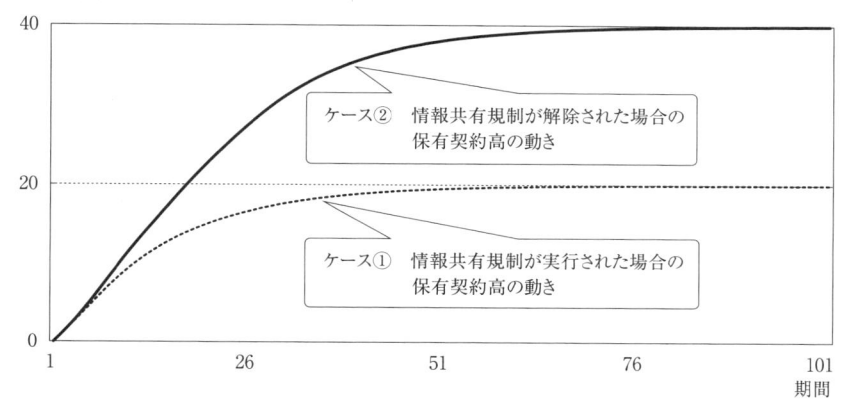

保有契約高

ケース② 情報共有規制が解除された場合の保有契約高の動き

ケース① 情報共有規制が実行された場合の保有契約高の動き

期間

が**図表7-8**である。ただし、この数値例では弊害防止措置が実行されていることを前提に計算されている。

この図でケース①は情報共有規制が実行された場合の保有契約高の動きを示し、ケース②は情報共有規制が解除された場合の動きを示している。両者を比較すると明らかなように、情報共有規制が解除されたケース②のほうが保有契約高は大きいことが確認できる。

銀行と保険会社が独自に持つ情報を相互に利用すればシナジー効果が発揮され、顧客ニーズに応じた保険商品を提供できるため、保険の新規契約高は上昇し、最終的に保有契約高も高まっていく。そのことが図で表現されている。

また、この図表7-8は先ほどの弊害防止措置と保有契約高の動きをとらえた図表7-4と比較することも重要である。図表7-4では暗黙の条件としてシナジー効果が1の状態で計算している。つまり、情報共有規制が実行された状態での数値例となっている。

そうすると、この図表7-8と先ほどの図表7-4を比較するとわかるように、

弊害防止措置を実行し、情報共有規制を解除したケース（図表7-8のケース②）が最も保有契約高が高く、逆に弊害防止措置を実行しないで、情報共有規制を実行したケース（図表7-4のケース①）が最も保有契約高が低くなることが確認できる。

このようにステラの単純なシステムダイナミックスのモデルを利用することによって銀行窓販の保有契約高に及ぼすプロセスとその効果を描くことができた。そこでは弊害防止措置を実行し、さらに情報共有規制を完全に解除したケースが最も好ましい影響をもたらすことがわかった。

第4節　金融コングロマリットと情報共有規制

保険商品の銀行窓販全面解禁は、保険会社のなかでも特に生保会社にとって営業職員による販売チャネルと競合するため極めて関心の高いテーマである。

一般に生保商品は営業職員による販売が最も馴染むチャネルと考えられている。こうした生保商品の販売チャネルに関する命題はわが国が少子高齢化社会を本格的に迎えるにつれて、徐々に変化し始めているようである。それは個人年金といった貯蓄型生保商品の銀行窓販が急激に伸びていることからも感じられる。

銀行窓販のチャネルが今後も伸びていくかどうかはここで検討したように弊害防止措置に留意しつつ、とりわけ情報共有規制をどれだけ緩和させるかにかかっている。もし、反対に情報共有に対して厳しい制約を課すならばシナジー効果が発揮できないことになる。

このように考えていくと、銀行窓販が主要な販売チャネルに育つかどうかを決定づけるのは情報共有規制そのものにあると言える。

また、このことは銀行窓販をさらに拡大させた金融コングロマリット化についても妥当する。周知のように金融コングロマリットとは銀行業、証券業、

保険業といった金融サービス産業のうち、複数の業種を兼ね備えた複合金融組織を意味する。

　金融コングロマリットの機能には範囲の経済のほか、規模の経済や多様化の経済がある。規模の経済とは金融組織全体を大きくすることでコストを引き下げる効果であり、多様化の経済とは業種を増やすことによって収益のブレを相殺するリスク分散化効果を言う。

　もし情報共有規制が厳しければ、業種ごとに情報の垣根が設けられるため、金融コングロマリットの最大の利点である範囲の経済が機能しなくなる。そのため、わざわざ組織を重ね合わせる意味がなくなってしまう。反対に情報共有規制を緩めれば金融コングロマリット化は進み、さらに大きな組織のもとで銀行窓販を拡張できることになる。

　このように見ていくと、銀行窓販に関わる情報共有規制はこれからの保険業界の動きを決定づけるうえで重要な要因であると考えられる。

参 考 文 献

(邦文)
- 井口富夫「産業組織の観点からみた保険販売チャネルの多様化」『保険学雑誌』第588号　2005年3月
- 伊藤哲士（a）「景気循環とわが国生保の資産運用―『貸手の選択』論の論証―」『生命保険経営』第43巻第2号　1975年3月
- 伊藤哲士（b）「経済成長と生命保険会社の資産運用―わが国の事例―」『生命保険経営』第43巻第5号　1975年9月
- 入江雄吉「株式市場の変化と生保投資の今後の在り方」『生命保険経営』第42巻第6号　1974年11月
- 植村信保「保険会社経営の健全性確保について」『保険学雑誌』第604号　2009年3月
- 宇佐美憲治『生命保険業100年史論』有斐閣　1984年5月
- 内池興一郎「金融の基調変化と生保財務」『生命保険経営』第40巻第3号　1972年5月
- 遠藤範夫「石油危機後の生保金融」『財務調査（明治生命）』No.20　1985年3月
- 荻原邦男「生命保険会社の損益動向」『ニッセイ基礎研究所　REPORT』2000年10月
- 荻原邦男「生命保険に対する『基礎利益』指標の導入」『ニッセイ基礎研究所　REPORT』2001年8月
- 金融審議会金融分科会第二部会「生命保険をめぐる総合的な検討に関する中間報告」2001年6月（金融庁ホームページより）
- 金融審議会金融分科会第二部会「銀行等による保険販売規制の見直しについて」2004年3月（金融庁ホームページより）
- 金融庁「金融改革プログラム―金融サービス立国への挑戦―」2004年12月（金融庁ホームページより）
- 金融庁「ソルベンシー・マージン比率の算出基準等について」2007年4月（金融庁ホームページより）
- 金融庁「ソルベンシー・マージン比率の見直しの骨子（案）」2008年2月（金融庁ホームページより）
- 金融庁「ソルベンシー・マージン比率とは？」2008年2月（金融庁ホームペー

ジより）
・金融庁「ソルベンシー・マージン比率の見直しの改定骨子（案）」2009 年 8 月（金融庁ホームページより）
・金融庁「平成 23 事務年度　保険会社等向け監督方針」2011 年 8 月（金融庁ホームページより）
・久保英也「『マクロ保障倍率』による生命保険市場分析と販売チャネルの将来展望―市場、チャネルの国際比較から日本への示唆―」『保険学雑誌』第 588 号 2005 年 3 月
・小藤康夫『生命保険の発展と金融』白桃書房　1991 年 5 月
・小藤康夫『生保金融と配当政策』白桃書房　1997 年 4 月
・小藤康夫『生保の財務力と危機対応制度』白桃書房　1999 年 5 月
・小藤康夫『生保危機の本質』東洋経済新報社　2001 年 6 月
・小藤康夫『生保危機を超えて』白桃書房　2003 年 3 月
・小藤康夫『決算から見た生保業界の変貌』税務経理協会　2009 年 11 月
・佐藤保久（a）「最近における生保の資産運用動向」『生命保険経営』第 52 巻第 5 号　1984 年 9 月
・佐藤保久（b）「最近における生保貸付の動向―石油危機を契機とする生保貸付の構造的変化について―」『生命保険協会々報』第 65 巻第 1 号　1984 年 12 月
・心光勝典「最近のわが国生保の資産運用動向」『生命保険経営』第 77 巻第 3 号 2009 年 5 月
・心光勝典「金融危機以降の日米生保の資産運用動向」『生命保険経営』第 79 巻第 4 号　2011 年 7 月
・生命保険経営学会「米国の販売チャネル動向」『生命保険経営』第 72 巻第 4 号 2004 年 7 月
・生命保険文化研究所『生命保険新実務講座』有斐閣　1990 年 4 月
・髙島浩一「米国保険会社の銀行業務進出状況」『生命保険経営』第 70 巻第 3 号 2002 年 5 月
・茶野努『予定利率引下げ問題と生保業の将来』東洋経済新報社　2002 年 3 月
・千代田生命更生管財人団『生保再建』東洋経済新報社　2002 年 4 月
・日本銀行『金融システムレポート』2012 年 10 月
・花輪俊哉「わが国戦後の生保金融の分析」『生命保険経営』第 43 巻第 3 号 1975 年 5 月
・速水功一「金融引締と生保の動向」『生命保険経営』第 43 巻第 3 号　1975 年 5 月
・原優子「米国の銀行保険販売にみる消費者保護」『生命保険経営』第 72 巻第 2 号　2004 年 3 月

- 深尾光洋・日本経済研究センター編『検証　生保危機』日本経済新聞社　2000年12月
- 福田慎一・鯉渕賢「ソルベンシー・マージン比率と生保貸出―生命保険業界におけるキャピタル・クランチ―」『経済学論集』第68巻2号　2002年7月
- 福田慎一・鯉渕賢「ソルベンシー・マージン比率と生保のポートフォリオ選択」『経済学論集』第68巻4号　2003年1月
- 松岡博司「欧米における保険業界再編の動向」『生命保険経営』第73巻第5号　2005年5月
- 水口啓子「EUソルベンシーⅡ導入を控えた欧州保険会社に見る現状と課題」『東洋経済　臨時増刊　生保・損保特集　2011年版』2011年10月
- 三輪昌彦「ソルベンシーマージン比率の見直しが遅れれば生保にはマイナスの影響」『東洋経済オンライン』2009年12月
- 森田道也編著『経営システムのモデリング学習　STELLAによるシステム思考』牧野書店　1997年9月
- 森本祐司「生保の投資行動とJGB市場――経済価値ベースで負債を評価すれば『超長期買い』」『週刊金融財政事情』2010年10月18日号
- 森本祐司・植村信保・花津谷徹・玉村勝彦・渡部仁「保険経済価値規制の是非を問う」『週刊金融財政事情』2011年4月18日号
- 安井信夫「生命保険資産の運用と景気循環」『保険学雑誌』第41巻第9号　1963年1月
- 山田進「生保会社の競争と投資行動」『調査月報（長銀）』No.132　1972年6・7月
- 山中宏『生命保険金融発達史』有斐閣　1966年
- 米山高生『戦後生命保険システムの変革』同文館　1997年3月
- 米山高生「ソルベンシー規制の転換点―その根拠と規制の対応―」『生命保険論集』161号　2007年12月

（英文）
- Carter, R. L. (1978), *Economics and Insurance*, PH Press Ltd. （玉田巧・高尾厚訳『保険経済学序説』千倉書房　1984年）
- Hicks, J. R. (1939), *Value and Capital*, Oxford University Press. （安井琢磨・熊谷尚夫訳『価値と資本』岩波書店　1951年）
- Hoshi, T., A. Kashyap and D. Sharfstein (1991), "Corporate Structure, Liquidity, and Investment: Evidence from Japanese Industrial Groups", *Quarterly Journal of Economics*.

- Lai, G. C., P. Limpaphayom and V. Jeng (2007), "Organizational Structure and Risk Taking: Evidence from the Non-life Insurance Industry in Japan", Conference Paper in Insurance Workshop, Graduate school of Commerce and Management, Hitotsubashi University, *unpublished paper*.
- Lamm-Tennant, J. and L. T. Starks (1993), "Stock Versus Mutual Ownership Structures: The Risk Implications", *Journal of Business*.
- Macaulay, F. (1938), "Some Theoretical Problems Suggested by the Movements of Interest Rates, Bond Yields, and Stock Prices in the United States since 1865", *National Bureau of Economic Research*.
- Staking, K. B. and D. F. Babbel (1995), "The Relation between Capital Structure, Interest Rate Sensitivity, and Market Value in the Property-Liability Insurance Industry", *Journal of Risk and Insurance*.
- Yanase, N., Y. Asai and G. C. Lai (2008), "Organizational Structure and Risk Taking: Evidence from the Life Insurance Industry in Japan" *unpublished paper*.（日本金融学会発表資料　2008年10月13日）

（資料）
- 主要生保10社『ディスクロージャー誌』各年度版（主要生保とは、日本生命、第一生命、住友生命、明治生命、朝日生命、安田生命、三井生命、太陽生命、大同生命、富国生命、の10社を指す）
- 生命保険協会『生命保険事業概況』各年度版
- 生命保険協会『生命保険会社のディスクロージャー　虎の巻』各年度版
- 生命保険文化センター『生命保険ファクトブック』各年度版
- 東洋経済新報社『週刊東洋経済　臨時増刊　生命保険特集・保険ビジネス』各年度版
- 東洋経済新報社『経済統計年鑑』各年版

索　引

ア　行

アイコン	144
安全資産	62
岩戸景気	17
営業職員	139
大型景気	23
大蔵省	69
大手生保	75
オプト・アウト	143
オプト・イン	143
オリンピック景気	19

カ　行

海外旅行傷害保険	139
外国為替資金特別会計	15
外地資産	7
解約返戻金相当額超過部分	93
価格差補給金制度	6
価格変動リスク	88, 93
株式会社・生保	72
株式時価	97
株式投資	3
株式簿価	97
株式保有の3割制限	10
株式保有割合	97
間接金融優位構造	6
基金の積み増し	103
危険資産	62
規模の格差	75
規模の経済	153
逆ざや	108
——問題	107
——リスク	81, 109
協栄生命	58
均衡財政原則	6
銀行貸出	3
銀行による圧力販売	142
銀行窓販	139
金融機関経理応急措置法	7
金融行政	108
金融コングロマリット	152
金融庁	87
金利自由化	108
雲マーク	144
経営改善計画	89
経営管理リスク	93
景気循環	5
経済価値ベース	88, 111
傾斜生産方式	6
経常利益	55
契約者貸付	8
契約者配当金	53
系列・生保	72
限界供給者的現象	16
限界供給者的性格	5
健康情報の流用	142
コア・マージン	94
高投資・高輸出	23
高率適用	12
国際収支の制約	13
国債保有機関	9
個人年金保険	139
コネクタ	144
コンバータ	144

159

サ　行

財形傷害保険	139
財形保険	139
在庫投資	13
最低保証リスク	93
財務貸付	3
債務返済支援保険	139
サブプライムローン	82, 108
産業金融機関	9
時価会計	53, 112
自己資本の充実	63
自己資本比率規制	95
自己資本比率の拡大戦略	119
資産運用パターン	5
資産運用リスク	93
資産側デュレーション	115, 124
――長期化戦略	117
資産負債総合管理	104, 109
システムダイナミックス	143
シナジー効果	140
支払余力	87
社員配当金	53
社員配当準備金	55
循環の増幅効果	92
順ざや	108
純資産	113
純剰余金	55
純投資	90, 105
省エネルギー	35
証券不況	21
情報共有規制	142, 147
情報公開請求	69
剰余金処分	53
所得倍増計画	17
新旧勘定の分離	8
神武景気	15
信用生命保険	139
信用リスク	93
新予定利率	59
ステラ	143
ストック	144
政策投資	90, 105
生保危機	125
生保システムの不安定性	53
生保の限界供給者仮説	38
生保の相対有利仮説	39
生保破綻	51
生命保険契約者保護基金	60
石油危機	29, 35
責任準備金	92, 112
――削減率	59
設備投資	13
――主導型の経済	21
早期解約控除	59
早期是正措置	89
相互会社・生保	72
総資産規模ランキング	76
組織構造	75
ソルベンシー規制	111
ソルベンシーⅡ	111
ソルベンシー・マージン	87
――比率	63, 68
損益計算書	53

タ　行

第一生命	127
大正生命	58
第百生命	58
代理店	139
抱合せ販売	140
多様化の経済	153

短期的対応	111
中期的対応	111
中堅生保	75
中小生保	75
長期火災保険	139
朝鮮戦争	6
千代田生命	58
貯蓄型生保商品	152
通常の予測を超えるリスク	92
T&Dホールディングス	129
ディスクロージャー誌	124
デュレーション・ギャップ	114
当期未処分利益	55
投資信託	62
東京生命	58
東邦生命	58
ドッジ・ライン	6
ドル・ショック	23

ナ 行

なべ底不況	15
日経平均株価	92
日産生命	58, 87, 107
日本開発銀行	6
年金払積立傷害保険	139

ハ 行

範囲の経済	153
非系列・生保	72
非公開情報保護措置	142
複合金融組織	153
負債側デュレーション	115
──の短期化戦略	119
復金インフレーション	6

復興金融公庫	6
復興金融債券	6
負のスパイラル現象	58
不良債券	96
フロー	144
フローレギュレータ	144
プロシクリカリティ	92
弊害防止措置	139, 146
保険業法	10, 53
──施行規則	53
保険商品の全面解禁	140
保険リスク	93

マ 行

マージン総額	93
マコーレー	115
未処分剰余金	55

ヤ 行

大和生命	82, 88, 108
有価証券の含み損	89
輸出主導型の経済	21
予定利率	108
──リスク	93

ラ 行

ランクアップ	80
リーマン・ショック	89, 108
リスク係数の引上げ	88
リスク総額	93
リスク分散化効果	153
ロックイン方式	112
ロックフリー方式	112

著者紹介

小 藤 康 夫（こふじ・やすお）
1953 年 10 月　東京に生まれる。
1981 年 3 月　一橋大学大学院商学研究科博士課程修了
現　　　在　専修大学商学部教授　商学博士（一橋大学）

主 な 著 書
『マクロ経済と財政金融政策』　白桃書房　1989 年
『生命保険の発展と金融』　白桃書房　1991 年
『生保金融と配当政策』　白桃書房　1997 年
『生保の財務力と危機対応制度』　白桃書房　1999 年
『生命保険が危ない』　世界書院　2000 年
『日本の銀行行動』　八千代出版　2001 年
『生保危機の本質』　東洋経済新報社　2001 年
『生保危機を超えて』　白桃書房　2003 年
『金融行政の大転換』　八千代出版　2005 年
『金融コングロマリット化と地域金融機関』　八千代出版　2006 年
『中小企業金融の新展開』　税務経理協会　2009 年
『大学経営の本質と財務分析』　八千代出版　2009 年
『決算から見た生保業界の変貌』　税務経理協会　2009 年
『世界経済危機下の資産運用行動』　税務経理協会　2011 年
『米国に学ぶ私立大学の経営システムと資産運用』　八千代出版　2013 年

生保金融の長期分析

2014 年 3 月 10 日　第 1 版 1 刷発行

著　者 ── 小　藤　康　夫
発行者 ── 森　口　恵美子
印刷所 ── 新　灯　印　刷 ㈱
製本所 ── 渡　邉　製　本 ㈱
発行所 ── 八千代出版株式会社

〒101-0061　東京都千代田区三崎町 2-2-13
TEL　03 - 3262 - 0420
FAX　03 - 3237 - 0723
振替　00190 - 4 - 168060

＊定価はカバーに表示してあります。
＊落丁・乱丁本はお取替えいたします。

ISBN978-4-8429-1620-0　　Ⓒ 2014 Printed in Japan